»Jeder sucht hier im Moment irgendwas, wo er sich dran klammern kann.«

Jonas, 23 – Sachsen, 1991

WENDEJUGEND

Klaus Farin & Eberhard Seidel

edition courage

Autoren

KLAUS FARIN geboren 1958 in Gelsenkirchen, lebt seit 1980 – Punk sei Dank – in Berlin-Neukölln. Nach Tätigkeiten als Konzertveranstalter und -Security, Buchhändler und Journalist ist er nun freier Autor und Lektor und daneben pausenlos auf Vortragsreisen unterwegs. Er gründete das *Archiv der Jugendkulturen*, dessen Leiter er von 1998 bis 2011 war, und ist heute Vorsitzender der *Stiftung Respekt!*.

Der zusammen mit Eberhard Seidel verfasste Band *Krieg in den Städten* wurde zu einem „modernen Klassiker" (Ralph Giordano) der Jugendsozialforschung.

EBERHARD SEIDEL geboren 1955 in Sommerhausen/Franken, lebt seit 1977 in Berlin. Er hat das Standardwerk zur Geschichte des Döner Kebaps in Deutschland verfasst und war in seinem Leben auch schon Experte für Rechtsextremismus, Islamismus und jugendliche Subkulturen. Heute ist er Geschäftsführer von *Schule ohne Rassismus – Schule mit Courage*.

Inhalt

10. November 1989, Bornholmer Brücke in Berlin-Prenzlauer Berg.| © Picture Alliance

Wendejugend

10. November 1989, Grenzübergang Bornholmer Brücke. Hunderte von Westberliner*innen empfangen begeistert ihre Verwandten, Bekannten und Nachbar*innen von der anderen Seite der Mauer. Mit ungläubigen und strahlenden Gesichtern passieren jene die Grenze. Sektflaschen werden entkorkt, Schnapsflaschen kreisen, wildfremde Menschen fallen sich jubelnd um den Hals. Über Nacht hat sich das bedrückende Sujet der Grenzanlage in einen anarchischen, feucht-fröhlichen Rummelplatz verwandelt.

Inmitten der Trabi-Karawane kommt ein Westberliner türkischer Herkunft mit seinem VW-Bus aus dem Ostteil der Stadt. Sein Auftauchen stört die euphorische Menge, die jeden Wartburg und Trabant mit rhythmischem Klatschen begrüßt. Einige Gesichter verfinstern sich, der Gesang bricht ab, das Klatschen verstummt. Als Antwort auf den frostigen Empfang ruft er der Menge ein „Willkommen Arbeitslosigkeit" zu. Die Stimmung schlägt um. Die ersten aus dem angetrunkenen Empfangskomitee treten gegen den VW-Bus. „Was will denn der hier?", ist noch eine der zitierfähigen Reaktionen. Nach diesem kleinen Grenzzwischenfall interessierte uns während des deutsch-deutschen Einigungsprozesses vor allem dies: Wie reagieren Jugendliche in Ostdeutschland und in Berlin auf die Öffnung der Grenze, auf das Verschwinden der DDR und das Entstehen des neuen Deutschlands? Wie auf Entsolidarisierung und auf rechtliche und soziale Ungleichheit? Was bedeutet für sie Deutsch-Sein? Und gelingt es den deutsch-homogenen Jugendlichen des Ostens, mit den heterogenen Jugendlichen des Westens klarzukommen? Und schließlich: Wie reagieren die Deutschen in Ost und West auf die Migrationsbewegungen infolge des Verschwindens des Eisernen Vorhangs? Die westdeutschen Jugendlichen der Mehrheitsgesellschaft, also die Generation Golf aus den Mittelschichten, haben wir damals nur am Rande beachtet, denn in ihrem Leben waren die Wendejahre weit weniger einschneidend als bei den Ostdeutschen und den Migrantenjugendlichen. Bei ihnen änderte sich im Alltag zunächst recht wenig.

Um Antworten auf unsere Fragen zu finden, reisten wir über Jahre kreuz und quer durch die Republik. Wir suchten die Jugendlichen des Ostens und Berlins an ihren Treffpunkten auf – an Bahnhöfen, in Jugendzentren, besetzten Häusern, in Parks und in Klubs, an Straßenecken, in Musikkellern, Diskotheken und Fußballstadien. Wir sprachen mit ihnen, aber vor allem hörten wir zu, was sie zu erzählen hatten.

In diesem Band veröffentlichen wir Interviews mit Jugendlichen, die wir zwischen 1990 und 1994 geführt haben. Die Jugendlichen waren zum Zeitpunkt der Gespräche zwischen 15 und 24 Jahre alt und gehörten sehr unterschiedlichen Jugendszenen an – rechten, bunten, linken, multikulturellen und faschistischen. Die Interviews wurden von uns in einer historischen Phase geführt, als rassistische Morde in Deutschland alltäglich wurden, landesweit Flüchtlingswohnheime brannten. Und als Jugendliche mit Migrationshintergrund in Berlin und Westdeutschland um ihren Platz in der Stadt und im Land fürchten und kämpfen mussten. Die Gespräche dokumentieren das Ringen einer irritierten, verunsicherten und von der Politik und den Erwachsenen alleingelassenen Generation um eine Identität in diesem neuen Deutschland. Die Interviews zeigen Gemeinsamkeiten in den Weltbildern der Jugendlichen, zum Beispiel in ihrem Autoritarismus, Nationalismus, Sexismus und ihrer Homophobie, sie zeigen aber auch, wo die Lebenssituation der Alt- und der Neudeutschen sich aufgrund ihres unterschiedlichen Rechtsstatus gravierend unterscheiden.

Der Jugend der Wende kommt in Deutschland bis heute eine besondere Rolle zu. Sie ist von allen Altersgruppen diejenige, die die größte Entfernung zur pluralistischen Demokratie als Gesellschaftssystem hat. Diese Generation hat die Radikalität ihrer Jugendjahre mit ins Erwachsenenalter genommen. Aus ihr stammen die Wortführer von PEGIDA, die Mitglieder und das Umfeld des Nationalsozialistischen Untergrunds (NSU), und die Altersgruppe der heute 40- bis 55-jährigen Ostdeutschen hat bei der Bundestagswahl 2017 und der Europawahl 2019 am häufigsten die AfD gewählt. Und nicht wenige der migrantischen Jugendlichen von damals haben sich im Laufe der Jahre den Grauen Wölfen oder islamistischen Gruppen oder ultranationalistischen Gruppen mit Bezug zu Kroatien oder Serbien angeschlossen.

Wir haben uns in diesem Band dagegen entschieden, die Jugend der Wende in einem aufgearbeiteten Essay zu reflektieren, sondern lassen die Jugendlichen möglichst authentisch selbst zu Wort kommen. Interviews stellen – im Gegensatz zu Essays oder Reportagen – höhere Anforderungen an die Leser*innen. Sie müssen selbst erkennen, wo die Interviewpartner*innen Fragen ausweichen, sich in Widersprüche verwickeln, großspurig ihre Heldentaten übertreiben. Das ist mühevoller, führt selten zu eindeutigen Resultaten (Gott sei Dank), und ist – finden wir jedenfalls – spannender. Und – gerade auch aufgrund ihrer Widersprüchlichkeit, die nicht von einem Autor entsprechend seinem Standpunkt geglättet wurde – erkenntnisreicher.

Jugendlichen eine Möglichkeit zur Selbstdarstellung und Eigeninszenierung zu bieten, heißt natürlich nicht, ihnen eine Plattform zur ungebrochenen und unwidersprochenen Legitimation von Hassverbrechen zu geben. Ein Vorwurf, der regelmäßig erhoben wird, wenn rechte Jugendliche in der Darstellung nicht in ein politisches Interpretationskorsett gezwängt werden. Die größere Offenheit von Interviews zwingt all jene, die glauben Bescheid zu wissen, zum Überprüfen ihrer Bilder.

Wir denken: Im Zweifelsfall ist das Publikum immer noch selbst klug genug, authentische Darstellungen, beispielsweise von rassistischen Gewalttätern, zu interpretieren – ohne moralische Anmerkungen oder arrogante Sittenwächter, die, würden sie politisch denken, wissen müssten, dass Zensur immer eine Bankrotterklärung ist – für den Zensor. Wir teilen auch nicht die weit verbreitete Auffassung, die rechtsradikale und rassistische Ideenwelt sei so attraktiv, dass sie Menschen sogleich hoffnungslos infizieren würde, wenn sie damit in Berührung kommen. Wer sich so sehr vor einer offenen Konfrontation mit rechten Jugendlichen oder Ideologien fürchtet, hat längst den Glauben an die Kraft seiner eigenen Utopien und demokratischen Gegenentwürfe verloren.

Mit diesem Interviewband wollen wir den Leser*innen nicht nur ein Kaleidoskop der Gedanken, Gefühle und Überzeugungen der Wende-Jugend zur Verfügung stellen. Wir möchten gleichzeitig auf einen bislang viel zu wenig beleuchteten Aspekt hinweisen. Wer den Erfolg des Rechtspopulismus unter den heute 40- bis 55-Jährigen verstehen will, der muss sich das gesellschaftliche Klima vergegenwärtigen, unter dem diese Generation in den Jahren 1989 bis 1994 ihre politische Sozialisation erfahren hat. Diese Generation hat die Erfahrung gemacht, dass sich mit Gewalt durchaus viel erreichen lässt, sich Gewalt aus ihrer Sicht lohnt. Aufgrund der Straßengewalt wurden in den frühen neunziger Jahren Geflüchtete aus Städten Ostdeutschlands evakuiert, und Tausende von Vertragsarbeitern aus Mosambik, Vietnam und Angola haben fluchtartig das Land verlassen. Und migrantische Jugendliche haben in den frühen neunziger Jahren, lange bevor die Mordserie des NSU bekannt wurde, bereits die Erfahrung gemacht, dass sie sich nicht unbedingt auf den Schutz des deutschen Staates verlassen können und sie diesen im Zweifelsfall selbst in die Hand nehmen müssen. Bis heute machen viele Migrant*innen aus Berlin und Westdeutschland aufgrund des Alltagsrassismus keinen Urlaub im Osten.

Weder in der DDR noch in der Bundesrepublik gibt es Anfang der neunziger Jahre einen breiten gesellschaftlichen Diskurs über den aufblühenden Nationalismus und Rassismus und das Versagen der Polizeikräfte. Stattdessen berufen sich die rassistischen Schläger und Mörder bei ihren Taten auf ein völkisches Selbstverständnis der Deutschen, das von der überwältigenden Mehrheit der Ost- und Westdeutschen geteilt wird. Diese verleugnen, dass zur republikanischen Familie des Westens, in die der Osten nun einheiratet, längst nicht mehr nur Hans und Helga, sondern auch Ayşe und Ahmet gehören. Migrantische Interessenvertretungen fordern 1990, dass auch sie Teil des Volkes sind und die Multikulturalität Deutschlands mit in die Staatsverträge zur deutsch-deutschen Vereinigung aufgenommen wird. Das Anliegen ist berechtigt, denn 1990 beträgt die ausländische Wohnbevölkerung in Westdeutschland 5,6 Millionen Menschen. Bei den meisten handelt es sich um Arbeitsmigrant*innen, die zwischen 1955 und 1973 eingewandert sind, und deren Kinder. Doch der Wunsch der Eingewanderten verhallt ungehört.

Stattdessen setzt die Politik ganz andere Zeichen. Die CDU und CSU, Teile der SPD um Oskar Lafontaine und Teile der Medien inszenieren in den Jahren 1990 bis 1993 mit rassistischen Stereotypen garnierte Kampagnen gegen Asylsuchende und „kriminelle Ausländer“, die Geflüchtete und Migrant*innen unter Generalverdacht stellen. Und am

1. Januar 1991 tritt ein „Gesetz zur Neuregelung des Ausländerrechts" in Kraft. Menschen ohne deutschen Pass, was damals fast ausnahmslos alle Migrant*innen betrifft, werden mit Hilfe von Rechtsverordnungen als potenzielle Störenfriede und innenpolitisches Risiko behandelt. Meldebehörden, Staatsangehörigkeitsbehörden, Sozial- und Jugendämter, Justiz-, Polizei- und Ordnungsbehörden, Arbeitsämter, Finanzämter und Hauptzollämter sowie Gewerbeämter sind von nun an aufgefordert, „den Ausländerbehörden ohne Ersuchen personenbezogener Daten von Ausländern, Amtshandlungen und sonstigen Maßnahmen gegenüber Ausländern mitzuteilen". Jugendämter werden angewiesen, Ausländerbehörden Angaben über das zu erwartende soziale Verhalten ausländischer Jugendlicher zu liefern.

Diese Diskurse und diskriminierenden Gesetze sind mitverantwortlich für die Explosion rechtsextremer Gewalt in den Jahren 1990 bis 1992. Sie befördern Ideologien der Ungleichwertigkeit, die davon ausgehen, dass Autochthonen gegenüber den Allochthonen Sonderrechte und Privilegien zustehen. Sie tragen mit zum Verlust der humanen Orientierung in der Jugend der Wende bei, die sich durch diese Diskurse zur Aktion ermuntert fühlt – sozusagen als verlängerter Arm des Gesetzes und der Elterngeneration: „Die reden, wir handeln."

Kaum jemand erinnert sich heute noch an den Studenten Mahmud Azhar, der in der Nacht vom 5. auf den 6. März 1990 an den Folgen eines Überfalls starb. Als Azhar am Abend des 7. Januar 1990 das Institut für Biochemie an der TU Berlin verlässt, um nach Hause zu gehen, wird er von einem angetrunkenen DDR-Bürger mit Parolen wie „Deutschland den Deutschen" beschimpft. Azhar flüchtet in das Uni-Gebäude zurück. Der Deutsche verfolgt ihn und schlägt sein Opfer mit einem Feuerlöscher nieder. Nach acht Wochen auf der Intensivstation stirbt Mahmud Azhar. Er wird der erste Name auf einer langen Liste der Todesopfer rechter Gewalt sein, die die *Antonio-Amadeu-Stiftung* auf Basis journalistischer Recherchen des *Berliner Tagesspiegel* und der *Frankfurter Rundschau* seit Jahren veröffentlicht und die 2018 195 Namen enthält.

Je stürmischer der Prozess der Vereinigung Anfang der 1990er Jahre verlief, desto zahlreicher wurden Übergriffe mit nationalistischem, rechtsextremistischem und rassistischem Hintergrund. Bekannt wurde nur die Spitze eines bedrohlichen Eisbergs, denn die Öffentlichkeit nahm in den ersten Jahren der Wende nur von den spektakulärsten Übergriffen Notiz. Zu sehr waren die beiden Teile Deutschlands mit sich selbst beschäftigt. Aber die „Einzelfälle" häuften sich, wie zum Beispiel bei einer Lesung internationaler Autoren im *Haus der Kulturen der Welt* im Juli 1990 deutlich wurde. Vier Autoren aus Chile, Argentinien, Syrien und Indien waren eingeladen, um über ihre Fremdheitserfahrung und ihr Leben in Deutschland zu berichten. Der syrische Schriftsteller Adel Karasholi, seit 1961 in der DDR im Exil, bemühte sich auf dem Podium sichtbar um Fassung. Am Vorabend der Lesung wurde sein Sohn in Leipzig von Nazi-Skinheads krankenhausreif geschlagen. Karasholis indischem Kollegen Rajvinder Singh erging es ähnlich. Innerhalb weniger Tage wurde er in der U-Bahn zweimal das Opfer rechtsradikaler Jugendlicher.

Mit der Wende wächst die Verunsicherung unter den Migrant*innen in Westdeutschland und Westberlin. Auch unter denen mit scheinbar sicherem aufenthaltsrechtlichen Status. Die Angst, dass das Beispiel des „Rückkehrprogramms" der im März 1990 gewählten DDR-Regierung Schule machen könnte, geht um. Dieses Programm regelt mit einer Abfindung die vorzeitige Heimkehr der Vertragsarbeiter nach Mosambik, Angola, Vietnam und Kuba. Die ausländischen Arbeiter sollen während einer dreimonatigen Kündigungsfrist 70 Prozent ihres letzten Gehalts und einmalig 3.000 DM Eingliederungsgeld bekommen sowie die Tickets für den Rückflug. Wie viele der Vertragsarbeiter überhaupt noch in den Genuss dieser Offerte kommen, weiß 1990 niemand so recht. Schätzungen im Hause der Ostberliner Ausländerbeauftragten, Anetta Kahane, gehen im Oktober 1990 davon aus, dass bereits die Hälfte des betreffenden Personenkreises „freiwillig" und ohne Abfindung in die Heimat zurückkehrte. Sie fürchteten offenbar Übergriffe auf ihre Wohnheime, Beschimpfung und Diskriminierung. Die Angst ist berechtigt.

Die Jahre 1990 bis 1992 gehören mit zu den dunkelsten Kapiteln in der Geschichte der Bundesrepublik. Der Terrorismus der *Roten Armee Fraktion*, dem zwischen 1971 und 1993 insgesamt 33 Menschen zum Opfer fielen, hat die Gesellschaft über viele Jahre in einen emotionalen und sicherheitspolitischen Ausnahmezustand versetzt. Den nun eskalierenden Rechtsterrorismus und die völkische Straßengewalt dagegen nimmt die Mehrheit der Deutschen recht teilnahmslos hin, obgleich dieser alle seit 1949 bekannten Dimensionen terroristischer Gewalt sprengt. Allein zwischen 1990 und 1992 sterben 43 Menschen infolge rechtsextremer Gewalt. Hinzu kommen Hunderte von Sprengstoff- und Brandanschlägen auf Wohnungen, Wohnheime und unzählige Menschenjagden in den Dörfern und Städten des Landes mit Tausenden von Verletzten.

Begleitet wird diese Gewaltwelle gegen Geflüchtete, Migrant*innen und Angehörige linker und bunter Jugendszenen von einer beispiellosen politischen und publizistischen Kampagne zur Abschaffung des Grundrechts auf Asyl in seiner bisherigen Form. Sie wird von SPD- und CDU-Bürgermeistern losgetreten und steuert auf ihren Höhepunkt zu, nachdem der Generalsekretär der CDU Volker Rühe am 12. September 1991 in einem Brief alle CDU/CSU-Fraktionsvorsitzenden aufruft, die „Asylpolitik systematisch zum Thema zu machen und die SPD dort herauszufordern". In der Folge vollzieht sich ein gefährlicher Schulterschluss, der zeigt, wie dünn das demokratische Fundament dieser Republik Anfang der neunziger Jahre ist. Neonazistische Gewalttäter können sich in dem Glauben wiegen, bei ihren Angriffen auf Flüchtlingsunterkünfte und Geflüchtete im Interesse der schweigenden Mehrheit zu handeln. Auch die Polizei lässt es an Entschiedenheit in der Strafverfolgung und -vereitelung fehlen. Für das zögerliche Verhalten der Polizei gegenüber der gewaltbereiten rechten Szene lassen sich ohne Frage auch strukturelle Defizite anführen – aber nicht nur.

Tatsächlich besinnen sich die Führungsebenen der Polizei in Bund und Ländern ihres demokratischen Auftrags erst dann wieder nachdrücklicher, als die SPD im August 1992 den Brandstiftern, Totschlägern und Menschenjägern in Rostock-Lichtenhagen nachgab und sich bereit erklärte, nun doch dem „Asylkompromiss" zuzustimmen. Die Abschaffung des Asylrechts in seiner seit 1949 gültigen Form, ein Herzensanliegen der politischen Rechten, ist damit nach zehnjährigem Kampf endlich unter Dach und Fach. Offiziell vereinbaren CDU/CSU und SPD am 6. Dezember 1992 den sogenannten Asylkompromiss, der unter anderem das Prinzip der sicheren Drittstaaten, der sicheren Herkunftsstaaten und des Flughafenverfahrens einführt. Diesem Kompromiss gingen vom 22. bis 26. August 1992 das Pogrom von Rostock-Lichtenhagen und am 23. November 1992 der

Brandanschlag auf zwei von türkischen Familien bewohnte Wohnhäuser in Mölln voraus.

An der Trauerfeier für die Opfer von Mölln am 27. November 1992 in Hamburg nimmt Bundeskanzler Helmut Kohl nicht teil. Darauf angesprochen meint sein Sprecher, die Bundesregierung wolle nicht in einen „Beileidstourismus" verfallen. Diese Gefühlskälte ist heute nur noch schwer vorstellbar.

Bei der Eskalation des rechten Terrors in Deutschland spielten die Medien, allen voran Springers *BILD*, eine unrühmliche, eine antreibende Rolle. Wir haben diese in einem Beitrag für das Fachmagazin *Journalist* bereits 1992 analysiert. Er kann als abschließender Beitrag nachgelesen werden.

Erst nachdem mit der Einschränkung des Grundrechts auf Asyl eine zentrale Forderung der (extremen) Rechten erfüllt wurde, erhob sich die bis dahin schweigende Mehrheit gegen die völkische Straßengewalt und stellte mit Lichterketten klar, dass sie von nun an keine weiteren ethnischen Säuberungen mehr wünschte. Die erste Lichterkette fand am Tag des Asylkompromisses, am 6. Dezember 1992, mit 400.000 Personen in München statt. Weitere folgten dann im Winter 1992/1993 in anderen Städten.

Die bittere Erkenntnis der Jahre 1989 bis 1992 lautet: Es bedurfte erst drei Dutzend Morde und des terroristischen Attentats von Mölln, dass die bis dahin bedenklich schweigende Mehrheit von ihrer Polizei mehr Engagement bei der Verfolgung rechtsradikaler Gewalttäter einklagte. Polizei und Justiz verstanden diese Botschaft und legten eine etwas härtere Gangart ein. Endlich wurden Durchsuchungen in den Wohnungen seit Jahren bekannter Neonazis durchgeführt. Auch das Bundesinnenministerium wurde aktiv und verbot am 26. November medienwirksam, aber wenig effektiv eine Reihe von neonazistischen Organisationen, darunter die *Nationalistische Front* und die *Deutsche Alternative*. Beide Gruppen spielten bei der Vorbereitung und Orchestrierung von Angriffen auf die Unterkünfte von Geflüchteten in den neuen Ländern eine zentrale Rolle.

Schon bald konnten Polizei und das Bundesinnenministerium erste Erfolge vermelden: Nachdem der Rechtsextremismus 1992 mit 2.584 Gewalttaten seinen Nachkriegshöhepunkt erreicht hatte, sank die Zahl der Gewalttaten 1993 auf 1.814 und ging in den Jahren 1994 weiter auf 1.400 und 1997 auf 790 zurück. Besiegt war der Rechtsterrorismus damit noch lange nicht, sondern entwickelte sich mit der Gründung des *Nationalistischen Untergrunds* im Jahr 1998 unter veränderten Vorzeichen weiter.

Trotz des weit verbreiteten extrem rechten Denkens haben wir zu keinem Zeitpunkt den Glauben an die Jugend an und für sich verloren. Dieses Buch handelt nicht nur von rassistischen Pogromen und rechten Jugendlichen. Wir teilen nicht den Blick und die Perspektive westdeutscher Bürger*innen, nach der der Osten Deutschlands nach der Vereinigung nur „braun" und bar jeder Hoffnung war. Es gab viele Hoffnungen und bunte Träume in den neuen Bundesländern. In den neunziger Jahren haben wir in jeder Ecke Deutschlands Jugendliche getroffen, die sich mutig, mit viel Fantasie und voller Elan der rechten Szene entgegenstellten. Die eigene Träume und Visionen davon hatten, wie sich ein vereinigtes Deutschland ausgestalten ließ. Die bereit waren, dabei mitzuwirken und sich für eine tolerante demokratische Zukunft zu engagieren. Auch einige dieser Jugendlichen kommen hier zu Wort. Uns war bereits damals bewusst, dass dem Rechtsruck unter der Jugend in Deutschland nur dann wirksam und nachhaltig begegnet werden kann, wenn es Jugendlichen, die bunten, demokratischen und linken Szenen angehören, gelingt, der kulturellen Hegemonie rechter Diskurse andere Werte entgegenzusetzen – demokratische, emanzipative, pluralistische, solidarische, kosmopolitische. Dazu hätte es massive Unterstützung gebraucht. Diese Unterstützung einer demokratischen Jugendszene, einer jugendlichen Infrastruktur und einer demokratischen Zivilgesellschaft, die einen wichtigen Beitrag zur Demokratieentwicklung hätten leisten können, gab es in den neunziger Jahren nicht. Die Bunten und Alternativen wurden von der Berliner Republik im Stich gelassen. Mit den Folgen dieser Versäumnisse und Defizite staatlicher Politik müssen wir heute noch leben. Wir hoffen, dass die Politik und andere gesellschaftlichen Institutionen aus der Geschichte und den Fehlern der Vergangenheit lernen.

Juni 1990, Berlin-Lichtenberg, Mitglieder der NA halten Ausschau nach der Antifa | © Gust

In der Nazi-Zentrale

Interview in einem von Neonazis besetzten Haus in Berlin-Lichtenberg mit **Hacky** (21), Zimmermann, derzeit arbeitslos, **Ingo** (23), Maurer, derzeit arbeitslos, **Mario** (22), Mechaniker, derzeit arbeitslos, und **Heiko** (19), Dachdecker, derzeit arbeitslos.

Wie viele Leute wohnen hier im Haus?

Ingo: So im Schnitt 15 bis 20 Leute.

Was hattet ihr mit dem Projekt in der Pfarrstraße 112 zu tun?

Ingo: Das ist ein Projekt von Michael Heinisch für Jugendliche. Der hatte schon jahrelang dafür gekämpft, ein Haus zu kriegen. Für uns ist das nicht mehr als eine Arbeitsstelle. Wir sollten das Haus sanieren, weil wir handwerkliche Berufe haben. Deshalb kam Michael Heinisch zu uns und hat uns das angeboten. Wir sollten richtige Arbeitsverträge bekommen.

Andreas: Das heißt nicht, dass da nur die Rechten arbeiten, sondern auch Linke. Das soll dann später mal eine Begegnungsstätte werden, wo sich Rechte und Linke treffen, um die Gewalt zu vermeiden.

Ihr könntet euch vorstellen, gemeinsam mit Linken in einem Projekt zu arbeiten?

Andreas: Ja, ja.

Heiko: Wir sind dialogbereit. Das haben wir oft bewiesen.

Andreas: Wir waren sogar in der Pfarrstraße und wollten uns mit den linken Besetzern unterhalten. Aber die haben gleich gesagt: Nazis raus! Verpisst euch! Das war nach der Räumung in der Mainzer Straße. Auf deren Großdemo war ich selbst dabei. Mit Mütze und vermummt, damit die mich nicht erkennen. Sonst hätten die mir wahrscheinlich eins auf die Mütze gegeben.

Ingo: Die Aktion gegen die Mainzer Straße ist ja irgendwo eine Aktion gegen alle besetzten Häuser. Da gehören wir auch dazu. So sehe ich das. Die Linken sehen das ja nicht so. Für die sind wir Nazis, egal, ob wir ein Haus haben oder in der Badewanne sitzen. Die wollen mit Nazis nichts zu tun haben.

Heiko: Wo es um das Projekt in der Pfarrstraße ging, hat ein Linker gesagt, dass man Nazis nicht arbeiten lassen darf. Egal wo.

Andreas: Wir sind nicht so, dass wir jedem Linken auf die Nase hauen. Wir wollen mit denen reden. Mit Türken klappt das auch. Wir haben demnächst wieder ein Fußballspiel gegen eine türkische Jugendbande. Mit denen läuft das Gespräch wunderbar. Wir haben uns echt gut verstanden. Die waren stolz drauf, Türken zu sein, wir waren stolz drauf, Deutsche zu sein. Damit war die Sache gegessen. Die haben nicht gesagt „Scheiß-Deutsche", und wir haben nicht gesagt „Scheiß-Türken". Also das war wunderbar.

Heiko: Ein Ausländer ist mir für ein Gespräch weitaus angenehmer als ein Linker. Mit denen kann man überhaupt nicht reden. Die steigern sich in eine angebliche Weltanschauung rein. Und dann kommt nichts mehr heraus.

Trotz Fußballspiel und Gesprächen – ihr habt aber doch Schwierigkeiten mit den Türken?

Andreas: Ja klar. Die Türken rennen mit Reichsschwertern rum, unsereins holt sich dann auch etwas Scharfes, so eine Machete. Was bringt das? Entweder wir landen alle im Knast oder im Sarg oder im Krankenhaus. Ich finde, das bringt nicht viel. Ich will auch wieder einmal nach Westberlin rüberfahren, ohne dass mich gleich ein paar Türken jagen.

Heiko: Ich denke, es geht den Türken genauso. Die haben ja auch einen Horror, hier rüber nach Ostberlin zu kommen.

Andreas: Die Türken können halt nur auf dem Alex rumlaufen, weil da sind immer hundert Stück von denen und da greift kein Rechter an. Und wir können nicht in den Westen.

Was passiert denn, wenn jetzt hier unten in der Weitlingstraße ein Türke vorbeiläuft?

Andreas: Gar nichts.

Aber du sagst doch selbst, dass sie nur am Alexanderplatz sicher sind?

Andreas: Ja, weil es einige Rechte gibt, die auf Türken losgehen. Aus meiner Sicht verständlich, weil viele Kameraden schon von Türken weggehauen wurden. Oder umgebracht. Dadurch baut sich ein Teufelskreis auf. Wenn ein Kamerad von mir von einem Türken umgehauen wird, dann haue ich erst einmal ein paar Türken um. Und die Türken, die ich umgehauen habe, die haben wieder Kumpels, die dann rumrennen und Kumpels von uns umhauen. So baut sich das auf, bis es irgendwann keine Deutschen oder Türken mehr gibt.

Wenn ihr es nicht seid, die Türken „klatschen", wer dann?

Andreas: Andere Rechte. Jüngere Leute. Auf dem Bahnhof Lichtenberg kann man das sehen. Wenn da ein Türke durchläuft, hauen die ihn um.

Ihr spielt mit den türkischen Jugendlichen Fußball, sagt aber trotzdem „Ausländer raus"?

Andreas: Aber nicht alle. Kebabläden auch nicht. Scheinasylanten müsste man abführen. Und die, die straffällig werden.

Heiko: Ich bin dafür, dass den Leuten hier nicht irgendwelches Asylgeld oder Sozialhilfe gezahlt wird, sondern in den Ländern, wo sie herkommen. Zum Beispiel müsste in der Türkei, was ein ökonomisch schwaches Land ist, gezielt Entwicklungshilfe geleistet werden. Damit man das wirtschaftliche Gefälle ausgleicht und keiner mehr einen Grund hat, hier herzukommen. Außer als Tourist vielleicht. Dafür sind wir. Aber nicht dafür, dass alle hier hergeholt werden und Geld kassieren.

Das Problem ist aber, dass die elf Leute, mit denen ihr kickt, wahrscheinlich alle in Berlin geboren sind ...

Heiko: Wenn sie sagen, dass sie stolz sind, Türken zu sein, dann müssten sie auch in ihrer Heimat sein. Aber das ist es nicht einmal. Wenn alles in Grenzen gehalten würde, dann würde es gehen. Es gibt ja kein Land, wo es keine Ausländer gibt. Und im gewissen Sinne ist es auch eine Bereicherung. Aber was zu viel ist, ist zu viel. Wenn die, die hier geboren sind, bleiben, das ist verträglich. Die kann man dann verteilen. Aber langsam hab ich den Eindruck, dass es unerträglich wird. Weil damit auch immer eine Ghettoisierung einhergeht. Die sind isoliert, können sich nicht integrieren, selbst wenn sie es wollen. Da entstehen dann Konflikte. So was hat sich noch nie bewährt. Nirgends auf der Welt. Guck mal die USA an! Die haben riesige ethnische Konflikte. Da versteht sich auch keiner.

Was wäre, wenn einer von den türkischen Jungs bei euch mitmachen will?

Andreas: Eigentlich ist es eine rein deutsche Vereinigung. Es ist schon öfter vorgekommen, dass Türken bei den Skinheads mitmachen wollten. In Lübeck war zum Beispiel ein Neger dabei. Der hatte dann auch deutsches Gedankengut. Aber so gut fand ich das nicht. Wir sind eigentlich ein deutscher Verein.

Was stört dann noch, wenn sie dasselbe Gedankengut haben?

Andreas: Dass sie eine andere Hautfarbe haben. Ein Neger ist nichts Deutsches. Ganz klar.

Heiko: Ein Neger kann kein deutscher Nationalsozialist sein. Das geht nicht. Das wäre ein Lacher. Der kann auch nicht stolz sein auf Deutschland, weil er müsste dann stolz sein auf das deutsche Volk. Und das geht nicht, weil er nicht Bestandteil des deutschen Volkes ist.

Andreas: Wenn wir einen Neger hätten, dann hätten wir bald einen Türken, einen Rumänen. So fängt das an und gibt dann so einen zusammengewürfelten Haufen. Wir achten schon darauf, dass wir rein deutsch bleiben.

Was ist das entscheidende Kriterium für einen Deutschen?

Andreas: Der Stammbaum. Dass die Verwandtschaft rein deutsch ist.

Habt ihr noch einmal versucht, mit den Besetzern in der Pfarrstraße ins Gespräch zu kommen?

Andreas: Ja. Erst hat keiner aufgemacht. Da kam gerade so eine Linke an und hat ihr besonderes Klopfzeichen gemacht. Die Tür ging auf, sie ging rein und wir gleich mit vier Leuten hinterher. Da sagte Ingo, er sei der Vorsitzende der Nationalen Alternative. Dann haben die alle ihre Waffen gezogen. Leuchtspurpistolen und Messer und Steine. Einer hat gleich sein Funkgerät geholt und sich auch noch versprochen und gesagt, der „SA-Vorsitzende" sei da.

Das war auch eine taktisch unkluge Bemerkung ...

Andreas: Wieso, bei uns war auch schon der Führer der Autonomen aus der Mainzer Straße. Da hat ihm keiner auf die Fresse gehauen. Aber wenn wir kommen, da machen sie gleich auf Radio 100 einen Durchspruch: „H. ist mit einer Horde Neonazis unterwegs." Und über Funk haben sie gleich Autonome angefordert, die draußen mit Eisenstangen auf uns gewartet haben.

Heiko: Überall in den Medien liest man, dass die Faschisten und Neonazis, wie man uns bezeichnet, keine Argumente haben. Und dass diese linke Szene argumentativ unwahrscheinlich gut druff ist. Nur, ich habe bis jetzt noch nicht einmal erlebt, dass die da etwas gebracht hätten. Das sind alles Leute, die das nur als Vorwand nehmen, um ihre Aggressionen auszuleben.

Ingo: Die sagen, sie unterhalten sich mit uns an einem Tisch, und wenn sie uns auf der Straße sehen, hauen sie uns um.

Andreas: Dann kommen auch immer gleich die Vorwürfe, ihr wart bei dem und dem Überfall dabei.

Was ja auch meist stimmt. Bei den Überfällen auf mehrere autonome Treffs oder auf das Tacheles z.B. wart ihr dabei.

Ingo: Da war keiner von uns dabei.

Mario: Das waren die ganzen Kinderhools.

Ingo: Ich werde mich von den Leuten aber auch nicht distanzieren. Ich distanziere mich von den Leuten, die uns schaden, die sie erwischen.

Welche Erfahrungen macht ihr mit den Antifas?

Ingo: Das ist ein kleiner Verfassungsschutz, den die da aufgebaut haben, um uns zu bespitzeln. Was die für Informationen haben! Als ich im vorletzten *Antifaschistischen Info* gelesen habe, stand drin, was ich den ganzen Urlaub gemacht habe. Und das hat auch noch gestimmt.

23. Juni 1990, Weitlingstraße in Berlin-Lichtenberg nach einer Antifa Demo| © Dietmar Gust

„Wenn ich schon so ‘n Araber sehe, igitt.“

Interview mit **Alexander**, **Peter** und **Udo**, alle Anfang 20, (Ex-)Skinheads, Mitglieder der Nationalen Alternative, bei Überfällen auf Roma, Sinti, Schwule und Hausbesetzer beteiligt.

Wie seid ihr zur Nationalen Alternative gekommen?

Udo: Das erste Mal hörte ich von dem Verein, als es die große Schlacht mit den Autonomen in der Weitlingstraße gab *[24. Juni 1990, Anm. d. A.]*. Im Fernsehen haben sie die Straße erwähnt, und da ich immer in etwas Radikales einsteigen wollte, bin ich zu dem Haus gefahren und hab gefragt, wer da verantwortlich ist und ob ich einen Aufnahmeantrag bekommen kann.

Mit den Zielen der NA konntest du dich sofort identifizieren?

Udo: Na ja. In dem Programm stand zuerst lauter Kauderwelsch. Aber es wurde ja überarbeitet.

Welche Punkte im Programm haben euch besonders angesprochen?

Udo: Erst mal die Grenzfrage. Gerade Polen. Die halten jetzt die Hand auf und wollen Reparationszahlungen. Ich würde den Spieß umdrehen und sagen, jetzt zahlt ihr erst mal, dass ihr die deutschen Gebiete so vernachlässigt habt. Die Polen sind faul, sonst hätten sie etwas im Laden.

Peter: Wir wollen mithelfen, dass Deutschland wieder so stark wird, wie es einmal war – in den Grenzen von 1937.

Wann habt ihr denn euer deutschnationales Denken, den Nationalsozialismus für euch entdeckt?

Udo: Das begann in der Armee. Ich hatte da viele Schwierigkeiten, weil ich immer meine Meinung sagte, ohne Rücksicht zu nehmen. Einmal wurde ich mit einem Flugblatt der FAP erwischt. Dann ging es los. Ich habe zehn Tage bei der Stasi gesessen, das hat mir gereicht. Dann hab ich mir gesagt: Nüscht mehr. Du lässt dich zu nichts mehr zwingen. Beruflich bin ich natürlich nicht mehr weitergekommen, erst nach der Wende wieder.

Bevor du Parteiaktivist wurdest, warst du Skinhead?

Udo: Ja, bis Ende 1990. Die Klamotten hab ich noch im Schrank.

Warum habt ihr solche Probleme mit Ausländern?

Alexander: Früher hatten wir nur Russen, Fidschis und die Schwarzen aus Mosambik. Das hielt sich alles in Grenzen. Jetzt kommt das alles auf einmal. Ihr drüben hattet damit ja schon jahrelang Erfahrung. Aber bei uns kommt das jetzt alles auf einmal, ob das in der Disko ist oder auf der Arbeit. Wenn man in der Disko mit Glatze rumlaufen tut, gucken sie einen schief an. Manches Mal nehmen Türken einem auch die Frau weg, das stört uns Deutsche eben.

Ist das euch schon einmal passiert?

Alexander: Nee. Wir suchen uns Frauen, die sich nicht auf Türken einlassen.

Hattet ihr schon Kontakt mit ausländischen Jugendlichen?

Alexander: Direkt nach der Maueröffnung ging ich mit Peter rüber zum Bahnhof Zoo. Da wurden wir sofort angemacht. Da standen über 30 Türken rum und hatten fünf, sechs Glatzen in der Mangel. Ehe wir uns versahen, hatten wir auch schon einen Tritt in die Seite bekommen. Das war ein Empfang!

Peter: Ich hatte mir das auch ganz anders vorgestellt. Ich dachte an neue Kameraden und hatte die Vorstellung, Westberlin sei die Hochburg der Glatzen. Aber dann waren die Türken in der Überzahl. Im Osten waren wir eigentlich besser dran.

Udo: Ich habe auch schon schlechte Erfahrungen gemacht. Einmal war ich nach Lichtenberg unterwegs, als ein paar Türken auf mich zukamen und an meinen Aufnähern an der Jacke rumfummelten. Ich nichts wie weiter. Plötzlich klappten alle drei ihre Messer auf. Da hab ich meine Knarre gezogen und durchgeladen. Seitdem meide ich die U-Bahn.

Alexander: Es ist zu viel. Früher konnte man sich mit denen noch arrangieren, aber heute ... Die Leute, die Fidschis und Türken zusammenschlagen, wollen ihnen nur zeigen, dass sie nicht hierhergehören.

Peter: Solange mich niemand angreift, trete ich keine Ausländer zusammen. Ich mach vielleicht eine Bemerkung, wenn einer mit 'nem Turban vorbeikommt. Wenn ich besoffen bin, ruf ich schon einmal: „Nigger in den Busch".

Alexander: Wir haben uns geändert. Peter ist ja oft bei den Skins in Lichtenberg gewesen und hat zu denen gesagt: „Wenn ihr die Kanaken zusammenschlagen tut, dann bekommt ihr von mir eine."

Peter: Das hab ich allerdings nicht gemacht, um die Kanaken in Schutz zu nehmen, sondern weil das auf uns zurückfällt. Wenn die alten Leute das sehen, denken die, die Rechten haben nur Randale im Kopf.

Was in eurem Fall ja weitgehend stimmt.

Udo: Es ist eine unheimliche Frage des Zusammenreißens. Ich hatte eine Zeit, in der ich mir einen Knüppel aus dem Müll holte und auf der Straße darauf lauerte, dass ein Ausländer vorbeikam. Ich mag keine Juden, keine Ausländer, keine Linken. Das hatten wir vierzig Jahre, das reicht. Ich bereue kein bisschen, wie ich denke. Ich würde alles dafür geben, um das nationalsozialistische Wissen zu haben wie die damalige Größe – Adolf Hitler. Ich möchte nicht so arbeiten wie die Leute, die „Ausländer raus" brüllen und den nächsten zusammenschlagen. Ich versuche, das gleiche Ziel mit politischen Mitteln zu erreichen.

Das sagt die NA immer, dass sie Gewalt ablehnt und politisch arbeitet. Trotzdem wird von ihren Mitgliedern Gewalt ausgeübt.

Alexander: Okay, früher hat die Partei auf die Masse gezielt. Sie trennt sich aber seit einiger Zeit von den Leuten, die mehr auf Gewalt und Schlägereien aus sind.

Udo: ... oder kriminell sind, sehr kriminell. Die ständig Autos knacken oder in Wohnungen einsteigen. Diese Leute hat man radikal entfernt.

Die NA als Kader- statt Massenpartei?

Udo: Als Kaderpartei hat die NA die Möglichkeit, ihre Ziele durchzusetzen. Permanente Gewaltaktionen bringen keine Punkte, und wir riskieren, verboten zu werden. Darauf wollen wir es nicht ankommen lassen. So einen Parteienstatus kriegen wir nicht mehr.

Wenn der Parteistatus nicht gefährdet würde, was wäre eure Strategie?

Udo: Ich möchte jetzt persönlich und nicht als Parteimensch antworten. Aber wenn ich eine dunkle Ecke hätte, wo mich niemand sieht, würde ich die in die Ecke ziehen und eine auf den Nüschel geben. Ob das nun ein Ausländer ist, ein Türke oder sonst etwas Abartiges. Leider habe ich nicht die Möglichkeit.

Ihr seid überzeugte Rassisten?

Peter: Logisch sind wir Rassisten. Ich habe eine Abneigung gegen Schwarze, ich kann sie nicht ab, die sind für mich abartig.

Udo: Wenn ich schon so 'n Araber sehe, igitt. Wie die rumlaufen, mit einer Kette und vielleicht noch 'nem Teppich in der Hand. Wenn es zwölf schlägt, gehen sie runter beten. Ich habe für so etwas kein Verständnis.

Alexander: Berlin als ausländerfreie Zone!

Udo: Ich will keine Multikultur. Die sollen dahin gehen, wo ihre Eltern herkommen. Die machen einmal eine Nummer im Bett, dann kommen gleich sechs Gören raus.

Peter: Ich bin der Deutsche hier und kann meinen Nationalsozialismus zeigen; dann geht es nicht, dass sie mit 'nem Messer auf mich losgehen, wie es schon passiert ist.

Udo: Alles raus und sauber machen, auch die Linken, die ganzen PDS-Säcke müssen weg.

Wohin denn?

Udo: Ich könnte Ihnen jetzt etwas sagen, aber dann geht Ihr Aufnahmegerät kaputt. So etwas, wie man es damals bei Hitler hatte, nur größer. Alle erst einmal sammeln. Dann würde ich sagen: du dahin, du dahin und die weg und die können vielleicht noch eine Zeit lang arbeiten.

Ihr wünscht euch die Vernichtungslager zurück?

Udo: Der Nationalsozialismus müsste modifizierter sein. Aber es sollte wieder jemand ganz oben stehen, der sagt, wo es langgeht. Auf KZs sollte man nicht verzichten. Und wenn ein Ausländer Scheiße baut, entweder gleich die Rübe ab oder raus. Radikal. Das Gleiche gilt für die Linken, Chaoten und die PDS, die die Fahne für den Erhalt der DDR hochgehalten haben und sich heute Krawalle mit den Bullen liefern. Den Gysi akzeptiere ich, weil der Mut hat, aus dem angeschlagenen Verein etwas zu machen. Ich akzeptiere ihn als Mensch und Politiker. So wie man den angegriffen hat, hat man noch nie jemanden angegriffen. Der hat viel durchgemacht, so viel Energie hat nicht jeder.

Wie stehen eure Eltern zu den politischen Aktivitäten ihrer Söhne?

Udo: Als meine Mutter das Hitler-Porträt in meinem Schlafzimmer sah, ist sie ausgeflippt.

Peter: Mein Vater ist Bulle, ist nicht das Wahre. Inzwischen akzeptiert er mich. Natürlich kommen immer wieder Bemerkungen.

Was bedeutet es für euch, Deutsche zu sein?

Udo: Das ist etwas ganz Besonderes. Meinen Stammbaum kann ich drei Generationen zurückverfolgen. Weiter habe ich es aufgrund der fehlenden Unterlagen nicht geschafft. Aber es ist ein positives Gefühl, zu wissen, man ist rein.

11. November 1989, Oberbaumbrücke in Berlin-Kreuzberg.| © picture alliance / akg

„Wenn ich verreise und plötzlich Deutsche sehe, dann sagt mir sofort etwas im Hinterkopf: Pass auf!“

Interview mit **Mehmed**, 20 Jahre, Mitglied der Alis

Weshalb schließen sich die Jugendlichen in Gangs zusammen?

Damit der Einzelne überhaupt existieren kann. Nicht als Gruppe, sondern als Mensch. Menschen können nicht damit leben, dass sie jeden Tag diskriminiert werden.

Hast du selbst Diskriminierungen erlebt?

Ich erlebe sie täglich. Immer wieder werde ich als Kanake bezeichnet.

Welche Erfahrungen überwiegen im Umgang mit den Deutschen: die guten oder die schlechten?

Man kann das nicht abwägen und sagen, die oder die Sache überwiegt. Man muss sich das so vorstellen: Man schmeckt irgendetwas, aber immer mit einem Beigeschmack. Wenn ich verreise und plötzlich Deutsche sehe, dann sagt mir sofort etwas im Hinterkopf: Pass auf!

Wie gehst du durch die Straßen, wenn du immer damit rechnest, diskriminiert zu werden?

Es gibt nur einen Ort in Deutschland, wo ich gelöst durch die Straßen gehen kann und weiß, hier passiert mir nichts. Das ist Kreuzberg. In allen anderen Bezirken oder Städten muss ich immer damit rechnen. Es blinkt ein Warnsignal: Pass auf, sonst wirst du angemacht! Ich gucke mich immer um. Und ich merke auch, dass ich von den Leuten angeguckt werde. Und ich bin mir sicher, das ist keine Einbildung. Ich merke den Unterschied, wenn ich in anderen Ländern bin, an Orten mit einer Multikultur, dann habe ich dieses Gefühl nicht.

Was sind denn deine persönlichen Erfahrungen mit Skinheads?

Meine Erfahrungen mit den Skinheads sind zu einer Hassliebe geworden. Ich liebe sie, wenn sie einzeln sind, weil, es sind einfach liebe Jungs. Trotzdem werde ich ihnen niemals verzeihen. Meine persönlichen Erfahrungen sind eine Reihe von zufälligen Aufeinandertreffen auf U-Bahnhöfen und auf den Straßen. Dann hat sich das immer sofort zu einer Schlägerei entwickelt.

Was läuft da ab, wenn ihr auf Skinheads trefft?

Das kann ich gar nicht genau sagen. Ich weiß nur, dass es dann immer zu einer Schlägerei kommt. Die Skins sind scharf drauf, uns zu sehen, und wir sind scharf drauf, die zu sehen. Wenn sie uns sehen, kommt so ein Spruch wie „Scheiß Kanake". Dann gehen wir meistens aufeinander los. Ich will unser Angreifen nicht entschuldigen. Wir greifen die Leute an und werden sie immer wieder angreifen, weil wir uns durch sie beleidigt fühlen.

Wann hattest du die ersten Schwierigkeiten mit Skinheads?

Das war etwa 1985/1986. Sie kamen in unser Jugendfreizeitheim. Der erste Spruch, den sie machten, war: „Was, hier sind Kanaken." Aber das war unser Revier. Wobei ich nicht sagen will, dass wir niemanden in unser Revier reinlassen, aber es ist ein Gebiet, in dem wir uns wohlfühlen und uns nicht von anderen Menschen vertreiben lassen wollen. Wir wollen da leben, und es können auch andere kommen. Wenn allerdings jemand kommt und sagt, „was, Kanaken hier", dann werden wir natürlich aggressiv.

Weshalb haben sich gerade 1983 viele Gangs aktiviert?

1982 und 1983 war die große Frage: Dürfen Türken frei auf dem Ku'damm rumlaufen bzw. dürfen Ausländer in Diskotheken rein? Jugendliche, die am Wochenende nahezu in keine Diskothek reingekommen sind, haben sich zusammengeschlossen. Ich habe in Erinnerung, dass sich die Şimşekler wegen der Disko-Geschichten entwickelt haben. Die Sache hatte auch Erfolg. Die Şimşekler sind in viele Diskos eingeritten. Auch im *Cartoon*, wo ich immer war. Als die Şimşekler kamen, hat sich der Türsteher gleich für Jahre krankgemeldet. Sie durften wieder rein und es war Ruhe. Die Leute haben gemerkt, dass es nichts bringt, eine bestimmte Gruppe aus der Gesellschaft auszuschließen.

Wie ist deine Position zu den Gangs heute?

Ich habe viele Freunde, die in Banden sind. Die Alis, in der ich bin, ist ein Zusammenschluss verschiedener Banden. Wir kommen zusammen, wenn zum Beispiel Stresssituationen in Kreuzberg angesagt sind, und ziehen los. Unser Gangname bedeutet nichts anderes wie bei euch Hans oder Georg. Es ist ein kurzer Name und praktisch für Demos. Wir sind ja meistens vermummt. Wenn Stress mit den Bullen angesagt ist und wir uns einmischen und auseinandergetrieben werden, ruft einer „Ali“ und wir wissen, wo wir uns treffen. Das gibt uns auch die Sicherheit, dass kein anderer deinen Namen nennt und die Bullen das mitbekommen.

Wie viele seid ihr?

Wenn wir eine gezielte Aktion machen, kommen wir locker auf 600 bis 700 Mann. Ansonsten sind wir etwa zehn.

Am 20. April 1990 wolltet ihr geschlossen nach Ostberlin, um Skins und Hooligans vom Alex zu prügeln. Besteht bei so einer Aktion Einigkeit unter euch?

Eine bestimmte Einigkeit besteht. Zum Beispiel, dass wir zusammen auf den Alexanderplatz gehen oder dass wir zusammen in eine Richtung laufen. Auf dem Weg kommt es aber immer wieder zu Missstimmigkeiten. Sei es, dass einige schreien: „Türkei ist die größte Nation.“ Das sind Sympathisanten der türkischen Nationalisten. Mit denen sind wir nicht einverstanden, und wir versuchen, diese Stimmung zu dämpfen. Diese nationalistischen Strömungen sind eine Uneinigkeit in der Einigkeit.

Der Kampf gegen Skinheads und Ausländerfeindlichkeit ist ein wesentlicher Punkt für den Zusammenschluss von Jugendbanden. Aber hat sich der Kampf nicht schon längst verselbstständigt und dient vielen

Jugendlichen nur noch als Legitimation für Krawall und Straßenraub?

Sicherlich gibt es einige Leute, die so handeln. Diese Jugendlichen werden von uns aufs Schärfste verurteilt. Wenn wir keine Schwierigkeiten mit den Nazis hätten, hätten wir wahrscheinlich Schwierigkeiten mit denen. Wir wollen nicht, dass die auf unseren Namen solche Scheiße bauen. Es gibt Jugendbanden, die wirklich korrekt arbeiten. Von denen hört die Öffentlichkeit wenig, weil die Presse nur dann schreibt, wenn irgendwo Schlägereien sind und wenn die Jugendlichen mit Waffen rumlaufen.

Ist euer Kampf nicht auch ein Kampf gegen die Väter?

[Lacht]. Wenn du mich so fragst, könnte ich dir tausend Gründe nennen, weshalb die Jugendbanden so sind und nicht anders. Die Väter vieler Jungs, die in Banden sind, machen bekanntlich zu Hause großen Druck. Weil sie in der Familie ein Nichts sind, versuchen sie durch die Gruppe ihr Nichtssein zu verdecken. Aber Diskriminierung gibt es von allen Seiten. Beispielsweise auf dem Wohnungsmarkt. Viele von uns wollen von zu Hause ausziehen, aber wir bekommen nichts. Genauso ist es auf dem Arbeitsmarkt. Wir wissen, dass wir in unseren Bereichen nicht wahrgenommen werden. Wir können sagen, was wir wollen, aber es wird nichts für uns gemacht, weil wir nicht wählen dürfen und unsere Stimme somit unwichtig ist. Diskriminierung kommt von allen Seiten. Das fängt sicherlich in der Familie an. Unsere Lebensschizophrenie bringt uns ja dazu, dass wir sehr unsicher sind, ob wir nun Türken sind oder Deutsche. Das sind alles Konflikte, wo man sich dann später Gleichgesinnte sucht. Und es sind eben die Gleichdenkenden und Gleichfühlenden, die dann die Banden bilden. Das ist dann wie ein Staat. Wir Jugendlichen, die in so einem Land wie der Bundesrepublik leben, merken, dass wir selber keine Regierung haben. Wir können uns mit diesem Staat nicht identifizieren. Die CDU, Kohl und solche Leute, die im Wahlkampf ausländerfeindliche Parolen plakatieren, können niemals unsere Regierung sein. Das hat nichts damit zu tun, dass ich die CDU nicht mag. Ich könnte sie als Regierung trotzdem akzeptieren. Aber ich kann

niemals eine Regierung akzeptieren, die generell gegen mich ist. Dann hole ich mir halt meine eigenen Leute und versuche, meine eigenen Regeln, unsere eigenen Gesetze zu machen.

Es gibt ja unterschiedliche Möglichkeiten, mit diesen Konflikten fertigzuwerden. Die einen schlagen ständig zu oder bedröhnen sich oder werden durch Raubüberfälle eine große Nummer. Wie gehst du damit um?

Ich bin mit diesen Problemen anders fertig geworden. Ich bin mir sehr früh klar geworden, dass ich Abitur machen muss, dass ich studieren muss, um hier in diesem Land zu leben. Ich habe mir immer vor Augen gehalten, wenn du hier in Deutschland leben willst, musst du besser sein als die Deutschen.

Mit wie viel Jahren hast du das so empfunden?

In der siebten Klasse. Da habe ich gemerkt, dass ich mehr lernen muss als die Deutschen. Schon wegen meiner Vergewaltigung der deutschen Sprache. Meine Lehrer haben kein bisschen Rücksicht darauf genommen, dass ich verschiedene Sprachen sprechen muss. Zu Hause Aserbaidschanisch, in der Schule Deutsch, mit Freunden Türkisch. Das änderte sich erst, als ich im elften Schuljahr an eine Kreuzberger Schule wechselte. Dass ich mehr bringen muss als die Deutschen, damit habe ich mich abgefunden. Nur, ich kann mich nicht mit dem Gedanken anfreunden, dass ich hier immer noch Ausländer bin, obwohl ich seit 18 Jahren hier lebe.

Du hast die deutsche Staatsbürgerschaft angenommen. Was hat sich dadurch geändert?

Ich kann jetzt frei auf der Straße rumlaufen. Wenn Stress angesagt ist, dann brauche ich nicht mehr mit dem Kopf zu nicken, nach dem Motto: „Okay, ich bin ein Kanake", nur weil ich befürchten muss, ich könnte ihm eine auf die Fresse hauen und dann abgeschoben werden. Abschiebung war immer meine größte Angst. Auch auf Demos. Ich hatte immer Angst, dass die Polizei mich mitnimmt, mir vorwirft, ich hätte Steine geschmissen, und dann versucht, mich abzuschieben. Das ist der einzige Grund, weshalb ich die deutsche Staatsbürgerschaft beantragt habe, die Angst vor Abschiebung. Gut ist natürlich, ich kann jetzt wählen.

Und was bleibt trotz neuem Pass wie früher?

Mein Aussehen. Ich finde mich zwar völlig schön. Aber in den Augen der Deutschen bleibe ich Ausländer. Aber das ist mir scheißegal. Mich stört nur, wenn sie so diskriminierend von oben runter gucken.

Warum war dein Vater dagegen, dass du die deutsche Staatsbürgerschaft annimmst?

Er war der Meinung, wie viele andere Väter und leider auch Jugendliche, dass ein Türke sich durch den türkischen Pass charakterisiert. Ich würde mich übrigens nicht als Deutschen bezeichnen, sondern als jemanden, der die deutschen Rechte hat.

1990, Jugendliche in Berlin-Wedding | © Ullstein Bild

„In unserem Alter hat man keine Zeit für Liebe.“

Interview mit **Poyraz** (17), **Boxer** (17) und **Ego** (16), Mitglieder der Black Panther

Wie ist eure Gang entstanden?

Poyraz: Wir kennen uns von klein auf und haben immer Fußball zusammen gespielt. Irgendwann gab es dann Schlägereien mit den Leo Kings, das waren auch türkische Jugendliche, und wir haben unsere eigene Gruppe gegründet.

Ihr seid hier in Berlin geboren?

Poyraz: Ja. Meine Eltern kommen aus Anatolien, aus Kayseri.

Ego: Mein Vater auch, ebenso Boxers Eltern.

Ist das Zufall, dass eure Eltern alle aus der gleichen Stadt kommen?

Ego: Man hält mehr zusammen, wenn man aus der gleichen Stadt kommt; man fühlt sich näher, wie richtige Verwandte eben. Unsere Eltern kannten sich alle bereits, bevor sie nach Deutschland kamen.

Wer sind eure Gegner?

Boxer: Jeder, der uns nicht leiden kann. Das können viele sein, zum Beispiel Skinheads.

Ego: Oder andere Straßengangs.

Boxer: Eigentlich sind wir aber gegen Skinheads. Die Rivalitäten mit anderen Gangs sind kleine Sachen.

Wer wird bei euch aufgenommen?

Poyraz: Wenn uns ein Typ gefällt, wie er redet, wie er aussieht, dann ist alles klar. Wir machen keine Mutproben wie die kleinen Kinder. Wenn sein Charakter okay ist, kann er mitmachen.

Ego: Er wird nicht von heute auf morgen in die Gang aufgenommen.

Er muss sich öfter hier sehen lassen und wächst langsam rein.

Wie viele seid ihr?

Poyraz: Die, die jeden Tag ins Jugendfreizeitheim kommen, sind so 60 bis 70 Mann. Wenn es allerdings Schwierigkeiten gibt, kommen noch befreundete Gruppen aus anderen Stadtteilen dazu.

Viele von euch tragen das Bayrak, das türkische Nationalwappen um den Hals. Was bedeutet das für euch?

Poyraz: Wir wollen zeigen, dass wir Türken und stolz darauf sind, dass die Türken keine Feiglinge sind und einmal halb Europa beherrscht haben, zeigen, welche Vergangenheit unser Reich hatte.

Boxer: Ich trage das Zeichen, weil die Türkei meine Heimat ist, zu der ich halten muss. Ich kann doch nicht sagen, dass ich ein Deutscher bin, nur weil ich hier geboren bin.

Ego: Egal, wo man lebt, man bleibt Türke. Wenn Skinheads und Nazis einen jetzt noch so unterdrücken, tut mir das schon sehr weh und macht mich richtig an. Man fühlt sich dann so alleine. Wir brauchen so eine Gang, damit wir etwas unternehmen können, nicht nur gegen Skinheads, auch in der Schule. Wenn man da Probleme bekommt mit zwei, drei Deutschen und kommt alleine gegen die nicht an und will sich nicht alles gefallen lassen, dann braucht man eben so eine Gang. Man weiß, es gibt einen Rückhalt, wenn man am Wochenende allein auf der Straße ist und von jemandem angemacht wird. Es gibt Jugendliche, die keiner Gang angehören, die können zwar auch leben, aber sie leben mit einer ständigen Angst, sie könnten angemacht werden, und sie wissen nicht, wohin sie sich wenden sollen.

Wie kommt ihr mit den Deutschen klar?

Poyraz: Ich war auch schon mit deutschen Mädchen zusammen.

Wenn ich sie für Dreck halten würde, kämen wir nicht zusammen. Deutsche sind auch Menschen, aber Türken sind voll anders. Kein Mensch kann wie ein Türke sein, das kann man nicht mit Worten erklären.

Ego: Zwei türkische Jungs halten viel besser zusammen als zwei deutsche Jungs. Bei den deutschen Jungs zählt meistens nur das Geld, das Aussehen und die Kleidung.

Können bei euch auch Mädchen mitmachen?

Boxer: Das ist nur etwas für Jungs, Mädchen akzeptieren wir nicht.

Warum?

Poyraz: Das lässt meine türkische Ehre nicht zu. Ein türkisches Mädchen muss zu Hause bei der Mutter bleiben, abwaschen und was weiß ich sonst noch machen. Auf jeden Fall darf sie sich nicht draußen rumprügeln.

Ego: Das sieht doch auch schlecht aus, wenn sich Mädchen prügeln. Mädchen kann man brauchen, wenn wir Feten feiern, aber sonst ...

Boxer: Unsere Freundinnen bleiben zu Hause. Wenn sie das nicht machen, kriegen sie einen auf den Deckel. So einfach ist das.

Habt ihr deutsche oder türkische Freundinnen?

Boxer: Ich nehme, was ich auf dem Markt kriege. Es ist egal, ob es arabische, jugoslawische, deutsche oder türkische Frauen sind. Mann bleibt Mann.

Ziehen eure Schwestern auch mit Jungs durch die Gegend, so wie ihr das mit den Mädchen macht?

Boxer: Wenn meine das machen würde, würde ich sie gleich abstechen, denn das steht im Koran so drin. Alle, die wir hier sind, würden das machen.

Ego: Na ja, vielleicht nicht gleich abstechen.

Poyraz: Ich würde erst einmal mit meiner Schwester reden. Geht sie nicht wieder zu dem Jungen, dann ist es gut. Wenn sie den Jungen wirklich liebt, soll er nach ein paar Jahren wieder zu uns kommen und fragen, ob er sie heiraten darf. Alles andere kann man nicht zulassen. Wir müssen unsere Schwestern schützen. Wir wissen doch, was ein Junge einem Mädchen antut.

Liebt ihr eure Freundinnen?

Poyraz: Warum denn lieben? Wir wollen nur vögeln. Was heißt denn Liebe? Ich schwör's Ihnen, die gibt es nicht. Liebe ist kindisch, wir wollen Spaß haben und weiter nichts.

Ego: Liebe ist ein Bluff, der am Anfang dazugehört, um ein Mädchen anzumachen. Endstation ist früher oder später sowieso das Bett, das Gebüsch oder der Park. In unserem Alter hat man keine Zeit für Liebe. Vielleicht kommt sie später.

Freundschaft gibt es also nur unter Jungs?

Ego: Richtige Freundschaft ja. Mädchen sind halt nur Abfallprodukte, die zum Leben dazugehören.

Boxer: Was heißt Abfallprodukte? Mädchen sind eben Mädchen, die können nicht einfach machen, was wir machen.

Sollen sie wie eure Mütter sein?

Ego: Nicht ganz so diskret, schon ein wenig freier, aber nicht so ganz frei.

Ihr haltet demnach auch nichts von Mädchengangs?

Poyraz: Das sind die blödesten Mädchen, die ich je gesehen habe. Vor kurzem haben sich zwei Mädchengangs vor einer Moschee geprügelt. Die Eltern haben zwei Wochen nur über dieses Thema gesprochen. Türkische Mädchen prügelten sich vor einer Moschee! So eine Schande! Und wie sie sich prügelten – mit Messern, Tränengas, Baseballschlägern. Manche hatten sogar Gasknarren dabei. Was ist denn das? Ich hab mich zum ersten Mal als Türke geschämt.

Hier in der Gegend ist der Treffpunkt der Grauen Wölfe. Habt ihr zu denen Kontakt?

Boxer: Wir wurden von denen schon eingeladen und sind auch hingegangen und haben mit denen gequatscht. Das sind korrekte Jungs, aber die sind politisch und wir sind nicht politisch. Wir wollen nichts mit Politik zu tun haben.

Von Jugendlichen aus eurer Gang werden Raubüberfälle verübt. Es gab sogar schon einen Toten. Wie steht ihr dazu?

Poyraz: Wir haben eine Gruppe von 15 Leuten, die nur mit Raub zu tun hat. Wir nennen sie Cash-Mafia. Da kommt aber nicht jeder rein. Den Namen haben wir uns gegeben, da wir uns eines Tages sagten, wir müssen uns nicht nur als Schläger, sondern auch als Räuber einen Namen machen. Wir machen alles Mögliche: Überfälle auf Läden, Taschenraub von alten Damen, Besoffene und schwule Säue, Autos.

Ego: Man muss dazu sagen, die machen das in einer Art Robin Hood. Die bewahren das Geld nicht auf, das wird zum Teil unter den Kumpels verteilt.

Das Ausrauben von Omas hat aber wenig mit Robin Hood zu tun. Das verträgt sich auch nicht mit eurem Stolz als Türken. Atatürk hat gesagt, ein Türke hilft den Kleinen und Schwachen.

Poyraz: Mann, wir sind Jugendliche, wir wollen das Leben genießen und Action machen. Wenn wir Geld brauchen und zu unseren Eltern gehen, dann geben sie nicht, was wir wollen. Irgendwann hört das auf und wir werden normale Türken.

Ego: Wenn man Jugendlicher ist, hat man so viele Bedürfnisse. Und wenn man Geld hat, läuft alles viel besser. Man geht samstags aus, lädt Kumpels ein, die einen dann später auch einmal einladen. Es müsste ja nicht direkt von Omas sein, aber mit denen läuft es halt besser.

Poyraz: Es gibt bei uns ein Sprichwort: „Das Geld muss man nehmen, ohne jemanden zu schlagen, zum Weinen zu bringen und zu töten!" Eigentlich müssten wir Reiche und Schwule ausrauben.

Warum Schwule?

Poyraz: Schwule sind anormale Menschen. Schwul kann man nicht sein. Was gibt's denn Besseres als eine Frau! Schwul, das kann ich mir gar nicht vorstellen.

Ego: Ich weiß nicht, ob die notgeil sind?

Poyraz: Auf der Erde sollte kein Schwuler sein. Ich hasse so etwas, weil sie auch mich haben wollen. Wir kommen uns dann vor wie Mädchen. Deshalb kriegen sie auf die Fresse.

Ego: Mich hat so ein Schwuler angemacht, als mein kleiner Bruder dabei war. Mann, da kommt man richtig auf Trip, wenn der einen anmacht mit so weiblichen, schwulen Bewegungen. Es ist auch schlecht, wenn zwei Schwule Hand in Hand durch die Straßen laufen und vielleicht sich auch noch abknutschen. Da kommt vielleicht eine Mutter mit einem kleinen Kind vorbei und das sieht das. Das ist ein schlechtes Vorbild. Wo kommen wir hin, wenn das jeder macht?

Juli 1989, Jugendliche in Berlin-Kreuzberg.| © Ullstein Bild

„Nur die Gruppe zählt."

Eine Gesprächsrunde mit **Devran** (21) und **Des** (15) von der Mädchengang Ghetto Sisters, der „autonomen Kommunistin" **Dilek** (21) und den Skinheads **Claudia** (19) und **Cora** (20)

Devran: Was habt ihr eigentlich für ein Bild von uns? Das würde mich mal interessieren.

Claudia: Ich hab gar keine Vorstellungen von Ausländern. Aber schlechte Erfahrungen hab ich gemacht.

Dilek: Blöde Anmache wahrscheinlich. Die gibt's auch von Deutschen. Anmache ist Anmache, egal, ob das nun ein Türke ist, der mich anwichst, oder ein Deutscher.

Claudia: Wenn ein Ausländer auf mich zukommt, dann hab ich Angst; wenn ein Deutscher auf mich zukommt, nicht, weil ich da einfach nichts erwarte. Ich lehne Ausländer nicht ab, ich hab Angst vor denen.

Dilek: Wenn irgendwelche besoffenen Prolls auf dich zukommen, hast du keine Angst?

Claudia: Nein, sehr selten. Wenn ich welche kennenlerne, wie neulich zum Beispiel zwei Araber, dann hab ich vor denen auch keine Angst mehr.

Dilek: Du hast keine Angst, wenn du eine türkische Familie siehst, oder?

Claudia: Warum sollte ich vor denen Angst haben?

Dilek: Eben. Du hast Angst vor Typen. Das ist ein wichtiger Unterschied.

Devran: Es gibt Scheiß-Deutsche und Scheiß-Typen unter den Türken. Aber man kann doch nicht alle unter eine Decke stecken. Klar, wenn ich euch so sehe mit diesen Schuhen, Jacken und der Frisur, denke ich auch, das ist 'ne Rechte.

Dilek: Das ist auch falsch. Es gibt auch Redskins und andere, die okay sind. Die wahren Nazis sehen oft nicht mal so aus.

Claudia: Ich bin kein Nazi! Ich kenne welche. Aber ich denke nicht so wie die.

Dilek: Sagst du denen auch deine Meinung?

Claudia: Jetzt schon, weil ich mit denen nichts mehr zu tun habe. Man grüßt sich noch, wenn man sich trifft, redet vielleicht über alte Zeiten, und das ist es auch.

Devran: Eine Skin-Frau war bei mir in der Klasse, die war okay. Wir haben sogar zusammen die Heavys in der Klasse fertiggemacht. Bei der war ich auch zu Hause, da hat sie mir ihre Hitler-Bücher gezeigt. Aber mit der kam ich klar.

Wie reagierst du, wenn du einer unbekannten Skin-Frau auf der Straße begegnest?

Devran: Früher hab ich die gleich dumm angemacht: Scheiß Nazi und so. Und dann gab's halt eine Schlägerei. Ich weiß, dass es nicht so ganz richtig ist, allein wegen der Frisur und so, aber ...

Claudia: Ich kann doch auch nicht einfach jedes türkische Mädchen auf der Straße anmachen!

Cora: Wenn wir in 'ner größeren Gruppe unterwegs sind, dann ist immer die Gefahr, dass sich das hochpuscht. Aber meistens werden wir Frauen dann auch in den Hintergrund gestellt. Wir haben da meistens sowieso nichts zu sagen. Höchstens, wenn da Frauen bei sind, die völlig normal sind und sich da hinstellen und „Sieg Heil" brüllen, die kriegen dann von uns auf die Schnauze, weil sie keine Ahnung haben, was ein Skinhead ist, und denken, nur weil sie ein paar rechte Sprüche raushauen und mit Skinheads rumhängen, sind sie's nun. Dann kriegen sie einen Denkzettel. Wir hauen also eigentlich mehr unseren eigenen Weibern aufs Maul.

Claudia: Früher, mit 15, 16, bin ich noch mitgerannt, wenn so Aktionen stattfanden. Heute versuche ich eher zu verhindern, dass was passiert. Wenn ich jetzt sehen würde, dass irgendwelche Skinheads auf ein einzelnes türkisches Mädchen oder überhaupt auf eine einzelne Person losgehen, da würde ich krass werden. Wie neulich im Osten. Da haben sie sich zu fünft um so einen kleinen Rapper gestellt, alle vermummt und blöde, und einer geht hin und haut dem auf die Fresse.

Devran: Unsere Mädchen sind mutig und machen Nazi-Jungs an. Eure sind feige und machen irgendwelche an, die sich nicht wehren können. Zum Beispiel auch ältere Leute. Wir haben euch schon ein paar Mal in Kreuzberg erwartet, ihr seid nie gekommen.

Claudia: Aber wenn ihr da zu fünft steht und da kommen zehn von uns, würdet ihr doch auch flitzen, oder?

Des: Nein, wir würden unser Bestes geben und nicht abhauen!

Claudia: Skins trauen sich oft nur was, wenn sie in 'ner großen Gruppe sind und oft noch besoffen oder auf Drogen. Und dazu kommt noch, dass in den letzten zwei, drei Jahren wenig Frust abgelassen werden konnte, weil die meisten Zoff mit den Bullen hatten, Anzeigen laufen hatten und sich nichts mehr leisten konnten.

Devran: Da sind wir noch schlimmer dran. Wir werden, wenn wir irgendwelche Scheiße machen, entweder sofort abgeschoben oder wir gehen ein paar Jahre in den Knast und dann Abschiebung. Und wir haben keine Heimat. Wir können uns drüben nicht wohlfühlen und hier auch nicht.

Claudia: Das stimmt, das ist nicht gut.

Devran: Was würden denn deine Kumpels sagen, wenn du nicht gegen Ausländer bist? Würden sie das akzeptieren?

Claudia: Die meisten Skins, mit denen wir zusammen sind, sind nicht mehr gegen alle Ausländer. Es sei denn die, die ihr ganzes Hirn schon weggesoffen haben. Aber eigentlich hat sich die Meinung durchgesetzt, dass nicht alle Ausländer schlecht sind. Es gibt inzwischen Skins, die türkische oder schwarze Freunde haben. Früher war das schwieriger. Da sollte man lieber in der Gruppe nicht erzählen, dass man einen Türken kennt. Ich kann erzählen, dass ich mich heute hier mit euch getroffen habe.

Devran: Unsere Jungs hauen niemals Mädchen ...

Dilek: Das stimmt auch nicht.

Devran: Also ich hab das noch nicht gesehen.

Claudia: Ich wurde schon mit zwölf Jahren, als Kind praktisch noch, von Ausländern betatscht. Von Deutschen nie.

Cora: Bei mir in der Klasse waren auch ziemlich viele Ausländer, und die konnten dann wohl irgendwie ihren Trieb nicht mehr beherrschen. Da wurde man dezent auf den Tisch geknallt, und dann haben die versucht, einen abzuknutschen. Das war so eklig. Es war jeden Morgen eine totale Überwindung für mich, zur Schule zu gehen. Wenn ich meine Freundin nicht gehabt hätte, wäre ich von der Schule abgegangen. Die ist auch immer voll gequält worden, weil sie so klein war. Die ist dann auch mit mir zusammen Skinhead geworden.

Devran: Die Härtesten sind die Grauen Wölfe. Das sind Faschos. Ich hasse die auch. Die sind so was von hart auch gegenüber türkischen Mädchen.

Dilek: Ich finde, wir sollten jetzt mal aufhören, zu zerlegen, wie oft und wann die Möglichkeit bestünde, dass die jeweiligen uns umgebenden Typen vielleicht eine Frau schlagen. Das bringt uns ja auch nicht weiter. Fakt ist, dass ich zum Beispiel, weil ich undeutsch aussehe, von deutschen Dummbrottypen angemacht werde, und Claudia bestimmt, weil sie blond ist, von einigen ausländischen Minusmännern als Freiwild betrachtet und genauso verachtend angemacht wird.

Claudia: Ich hab es erst einmal erlebt, dass welche von euch auf uns zugegangen sind und den Mut hatten, mit uns zu quatschen. Das fand ich ganz toll. Deshalb bin ich ja so glücklich, dass ich jetzt mal mit welchen von euch quatschen kann. Wie soll ich denn an Türken rankommen? Außer in der Schule?

Devran: Ich kann dich gerne mal mitnehmen und mit anderen Türken bekannt machen. Da wird auch garantiert nichts passieren. Wir sind immer gastfreundlich.

Claudia: Würde ich machen.

Des: Aber wenn ich zu euch kommen würde, würden die mich glatt zusammenschlagen.

Claudia: Wenn du mit mir auftauchst, glaube ich nicht. Ich bin jetzt so lange dabei, die haben Respekt vor mir. Denke ich jedenfalls.

Cora: Wie steht ihr denn in eurer eigenen Gruppe da? Werdet ihr geachtet?

Devran: Ich persönlich werde sehr geachtet. Unsere Jungs haben Respekt vor mir.

Cora: Und deine Eltern?

Devran: Die wissen davon nichts. Ich darf auch mit keinem Jungen reden auf der Straße.

Cora: Und Kopftuch tragen?

Devran: Nein, das ist nicht bei allen so. Mein Bruder hat mich mal erwischt, wie ich mit Jungs zusammensaß. Da hat er mich erst mal auf der Straße zusammengeschlagen, dann hat er mich mit nach Hause genommen, mir die Haare abgeschnitten, fast eine Glatze. Ich musste mit einer Gehirnerschütterung ins Krankenhaus.

Dilek: Ekelhaft! Wenn mein Bruder das einmal machen würde, ich würde den abstechen.

Devran: Einerseits müssen die das machen. Das wurde ihnen von den Eltern als Pflicht übergeben, und wenn sie das nicht machen, dann ist irgendwie ihre Ehre kaputt, dann trauen sie sich nicht mehr unter Freunde.

Dilek: Aber spätestens diese Generation hat die Möglichkeit und muss sie sich auch nehmen, sich von diesen schwachsinnigen, anerzogenen, islamisch-fundamentalistischen Riten befreien.

Des, du bist fünf Jahre jünger als deine Schwester. Hat sich bei dir schon was geändert zu Hause?

Des: Ja, ich bin viel freier als sie. Ich darf länger draußen bleiben, ich darf mit Jungen reden bzw. die haben mich noch nie mit einem Jungen erwischt, also vertrauen sie mir.

Dilek: Und wie soll das weitergehen? Werdet ihr demnächst verheiratet?

Devran: Ich bin schon verheiratet. Aber ich lasse mich bald scheiden, weil ich mit so einem Scheißkerl nicht zusammenleben will. Ich hab den schon immer gehasst und weggejagt.

Des: Aber die Eltern bereuen das jetzt auch schon. Die haben bei Devran gesehen, dass es nicht funktioniert und nur Ärger bringt. Deshalb muss ich nicht mehr so heiraten.

Devran: Das Schlimmste war die Hochzeit. Da musste ich mit ihm schlafen, beweisen, dass ich Jungfrau war, voll grässlich, so mit Blut im Bettlaken, und draußen standen die Mütter und warteten auf das Ergebnis. In unserer Familie ist das sogar noch so, wenn du keine Jungfrau bist, wirst du umgebracht. Ich hatte Glück. Aber auch Leute, die mich unterstützen. Sogar Jungs.

Sind heute eigentlich mehr Mädchen dabei als früher?

Cora: Im letzten Sommer gab es eine richtige Welle. In unserer Gruppe waren ungefähr zehn neue Mädels dabei. Da haben wir schon gedacht, toll, endlich mal wieder eine richtige Mädchengruppe und nicht nur immer diese Typen. Aber die haben fast alle wieder aufgehört.

Des: *[Grinst]* Vielleicht haben sie türkische Jungs gefunden ...

Cora: Jetzt kommt die große Welle aus dem Osten rüber. Und die kannst du sowieso alle auf den Mond schießen. Die Weiber sind beknackt, die Typen sind beknackt. Mit denen wollen wir echt nichts zu tun haben.

Devran: Die sollen die Mauer wieder zumachen.

Dilek: Zwei Meter höher.

Cora: Da sind wir uns einig. Die haben auch überhaupt keine Ahnung, was Skinhead ist, dass es mal aus England kam und aus der Arbeiterbewegung.

Was bedeutet denn Skinhead-Sein für dich?

Cora: Was für mich gezählt hat, das war die Gruppe. Weil ich gedacht hab, durch die Gruppe werd ich was, bin ich was, bin ich nicht mehr so unterdrückt und das kleine Nichts. Die Leute haben Angst vor dir. Ich fand die Musik gut und die Klamotten. Ich war ja vorher schon Rockabilly. Bei der Politik hab ich eigentlich nie durchgeblickt, und irgendwann hab ich einfach gesagt, ach, scheiß drauf.

Wie haben deine Eltern reagiert, als du Skinhead wurdest?

Cora: Denen ist eigentlich alles egal. Ich bin schon immer „antiautoritär" erzogen worden. Als ich noch bei meinen Eltern gewohnt hab, kamen natürlich immer wieder Bekehrungsversuche, wenn ich die ganzen Leute angeschleppt habe, alle kurze Haare und so, dann die Aufkleber von der NF *[Nationalistische Front]* in meinem Zimmer, „Auschwitz-Lüge" und solche unüberlegten Sprüche, die da immer fielen.

Claudia: Voll auf Provokation. Irgendwie schon komisch: Ich kann mich kaum noch daran erinnern, in Geschichte etwas anderes gemacht zu haben als Nationalsozialismus. Ich glaube, das war einfach zu viel des Guten. Man kann es irgendwann nicht mehr hören und sehen. Schon seit der fünften Klasse: *Als Hitler das rosa Kaninchen stahl*. Eigentlich müsste ich ziemlich viel wissen. Aber ich hab das alles ignoriert und abgestritten. Ich hab dagesessen bei den Filmen über die Juden, hab meine Schnecke gefressen und fast angefangen zu lachen. Und nach dem PW-Unterricht erst mal die *Nationalzeitung* auf den Tisch gelegt. So ab der elften Klasse hab ich dann angefangen, darüber nachzudenken.

Diese „Auschwitz-Lüge": Habt ihr das geglaubt oder war das ein Spruch?

Cora: Also passiert ist es schon. Aber die Zahlen sind einfach zu hoch. Ich kann mir nicht vorstellen, dass es so viele waren. Das geht nicht. Das ist zu viel.

Dilek: Es ist doch wohl völlig uninteressant, wie viele genau bestialisch ermordet wurden. Es waren auf jeden Fall zu viele. Oder wird dein Gewissen bei 672 Leuten weniger reiner?

Warum seid ihr bei den Ghetto Sisters?

Devran: Zusammenhalten und Probleme bequatschen. Wir unternehmen viel, gehen zusammen ins Kino, machen Feten.

Des: Letztens waren wir zusammen im Theater.

Claudia: Das war bei uns früher auch so. Aber heute ist alles auseinandergebröckelt. Man trifft sich höchstens noch mal am Wochenende, sieht sich vielleicht zufällig mal, keiner ruft einen mehr an. Überhaupt kein Zusammenhalt mehr, wenn ich das jetzt mal ganz ehrlich sagen soll. Deshalb können die Skins hier auch gar nicht mehr gegen Türken antreten. Ich glaube, viele Skins beneiden die Türken auch darum, dass da noch so ein Zusammenhalt ist, und haben auch Angst davor. Wenn wir früher so mit 20 Mann aufgetreten sind, alle kahl geschoren, in die S-Bahn rein, rumgegrölt, gesoffen, da haben alle gezittert und uns ist nie was passiert. Dann fing das mit euren Gangs an, und heute haben die meisten Leute, die ich kenne, völlig Angst vorm S-Bahn- oder U-Bahn-Fahren. Und schon gar nicht in Wedding, Kreuzberg oder Neukölln.

Wenn man die öffentliche Hysterie verfolgt, hat man das Gefühl, es wird immer schlimmer und härter hier in der Stadt. Stimmt das?

Devran: Unsere Kleineren werden schlimmer als wir.

Claudia: Das ist auch bei uns so. Die Alten haben sich jetzt beruhigt, während die Jüngeren total durchknallen. Die haben noch keine Vorstrafen, wissen noch nicht, wo es langgeht. Und die ganz Jungen, die gerade erst versuchen, was darzustellen, die gehen auch auf wehrlose Leute los. Dieser Ostler, der den kleinen Rapper verprügelt hat, ist anschließend noch einem alten Penner, der da mit einer Schrippentüte vorbeikam, voll ins Kreuz gesprungen. Dann hat er allerdings von uns Pfeffer gekriegt. Aber solche Leute rennen heute hier rum. Das sind oft so Leute, die sich für ein halbes Jahr die Haare kurzschneiden, irgendwelche Scheiße bauen, dann Probleme mit den Bullen kriegen und die Haare wieder wachsen lassen.

Davon hab ich so viele kennengelernt. Aber die hinterlassen dann für die gesamte Szene das schlechte Image. Es gibt absolut viele Skinheads, die völlig daneben sind. Aber es gibt eben auch andere. Mein Freund versucht auch immer, sich so darzustellen, als wenn er der Härteste überhaupt ist. Aber ich kenne ihn ja nun besser.

Dilek: Die Jüngeren haben keinerlei moralische Skrupel mehr, jemanden zu töten. Schon die Worte, die sie benutzen: „Ja, und dann haben wir den gepiekt." Anstatt zu sagen: „Wir haben den mit dem Messer gestochen oder abgestochen." Das macht denen nichts aus. Die beklauen auch Penner und Omas. Oder die gehen zu zehnt auf einen drauf und treten den zusammen, bis er nicht mehr aufsteht. Das würde ich nie machen. Die sind echt voll kaputt. Vor allem hab ich das Gefühl, dass sie völlig die Linie verlieren, dass sie nur noch stumpf den täglich auf sie ausgeübten Druck abreagieren, ganz im Sinne des Systems an ganz unten Stehende ihres eigenen Milieus, anstatt die herrschende Klasse unter Druck zu setzen, nämlich durch gezieltes Kämpfen. Aber trotzdem kann sich auch noch vieles positiv entwickeln. Sie sollen ruhig etwas Kampferfahrung sammeln, aber es muss dabei unsere Aufgabe sein, zu verhindern, dass sie ziellos ihre Energie verschwenden.

Devran: In ein paar Jahren wird es noch schlimmer sein. Dann werden überall scharfe Knarren im Umlauf sein. Ich kenne heute schon mehrere, die mit scharfen Knarren herumlaufen.

Wie seid ihr denn bewaffnet?

Des: Ich hab Tränengas. Ich bin oft abends noch unterwegs.

Cora: Ich hatte mal ein 8-mm-Gas. Eine Zeit lang hatte ich an allen Fingern Ringe. Da hätte ich mir aber wahrscheinlich eher die Finger gebrochen, wenn ich damit zugekloppt hätte; die hab ich dann weggeschmissen. Seitdem hab ich gar nichts mehr bei mir.

Devran: Ich hab noch nie irgendwas bei mir getragen. Meine Fäuste haben bisher immer gereicht. Auch wenn ich schon ein paar Mal auf die Fresse gekriegt habe. Egal.

Dilek: Das seh ich ähnlich. Aber ich mach Taekwondo. Kann ich nur jeder Frau empfehlen.

Des: Ich mache zusammen mit einer Freundin Kickboxen.

Claudia: Ich hab früher Gas gehabt, das hat jetzt meine kleine Schwester, und ich laufe heute ohne rum. Aber ich glaube, ich werd mir wieder was besorgen. Die laufen heute ja alle mit Gas rum, auch ganz stinknormale Mädchen, die sich zu keiner Gruppe zählen. Eine Zeit lang hatte ich mal ein Butterflymesser, aber dann hatte ich zu viel Angst, dass das gegen mich gewendet werden könnte. Aber ich finde es eigentlich traurig, dass man sich heute gar nicht mehr ohne Waffen auf die Straße trauen kann.

Cora: Ich hab drei Jahre Judo gemacht, bin sogar bis zum grünen Gürtel gekommen. Aber das war voll schwachsinnig. Wenn man da einen trifft, der ein T-Shirt anhat, dann hast du das T-Shirt in der Hand, bloß nicht den Typen über die Schulter gewälzt. Dann hab ich Bodybuilding gemacht. Da kam ich mir vor wie so ‘n Packer, hatte mal den Griff von ‘ner S-Bahn-Tür in der Hand, aber zu mehr reicht es auch nicht. Du kriegst voll die Kraft, kannst sie aber nicht anwenden.

Diskutiert ihr in euren Gruppen über Waffen?

Claudia: Wenn mein Freund mit ‘ner scharfen Waffe auftauchen würde, würd ich sagen, lass die wieder verschwinden. Aber unter Skins sind eigentlich nur Knüppel und vielleicht noch Messer angesagt.

Dilek: Da liest man aber oft was anderes ...

Claudia: Das sind die parteimäßig Organisierten. Die Wahnsinnigen. Die Politischen. Die haben ja sogar Mollis. Das ist aber was ganz anderes als wir. Das sind keine Skinheads.

Devran: Mich interessiert das nicht, was unsere Jungs haben. Das ist ihre Sache. Aber scheiße ist es schon. Zumal die echt oft nur Türken kaltmachen. Da wechselt einer von den Black Panthers zu uns rüber, schon kommen die alle an und es gibt eine Messerstecherei.

Dilek: Das große Vorbild Amerika. Die lesen, wie hart die da angeblich alle sind, und wollen genauso sein.

Claudia: Bei den Skins ist es oft ähnlich, vor allem, wenn sie besoffen sind.

Devran: Bei euch ist es Alkohol, bei uns sind es Drogen.

Claudia: Das hat bei uns in letzter Zeit auch zugenommen. Ich kenne schon ein paar, die spritzen. Koks und Hasch sowieso.

Devran: Bei uns kifft die Mehrheit. Ein paar nehmen Folie. Die streuen Heroin auf Folie, machen Feuer und ziehen den Rauch ein. Das ist noch teurer und härter als spritzen. Jetzt hab ich auch gehört, dass Crack im Umlauf ist.

Dilek: Aber glücklicherweise läuft in den Gangs auch viel anderes ab, eben: zusammen Sachen machen, die die Handlanger des Systems auf gewisse Art und Weise schon beschäftigen.

Des: Nur in keine Disko kommen wir als Gruppe rein.

Cora: Wir auch nicht. In keine einzige. Und alleine oft auch nicht. Doc Martens reichen schon für ein Hausverbot.

Devran: Wenn wir als Gruppe durch Kreuzberg laufen, kommt gleich eine Wanne an, die steigen aus, knallen dich an die Wand und durchsuchen dich. Aber wie! Zwischen den Beinen und so. Ein Mädchen von uns wurde mal im Wedding von fünf Bullen zusammengeschlagen.

Cora: Einem von uns haben sie mal den Arm gebrochen.

Des: Ich saß auch schon neun Stunden im Knast. Wir hatten eine Schlägerei mit Weddinger Mädchen, und dann kam die Polizei und hat uns mitgenommen.

Claudia: Das ist ein richtiger Kleinkrieg irgendwie unter den Jugendlichen. Als gäbe es keine große Sache mehr, für die man leben kann. Ich hab immer das Gefühl, die suchen alle noch nach was.

Devran: Die wissen nur nicht wonach.

Claudia: Unsere Eltern hatten noch eine Aufgabe, ein Ziel, nämlich ihr Land aufzubauen, ihren Lebensstandard zu verbessern. Wir wurden in eine Wohlstandsgesellschaft hineingeboren, und viele wissen einfach nichts mit sich anzufangen. Und irgendwelche politischen Organisationen geben ihnen dann ein „Ziel".

Devran: Also ich träum zum Beispiel gar nicht von viel Knete oder so. Ich hab nichts in der Tasche, aber ich habe meine Freunde, und wenn ich mal Geld brauche, kriege ich es auch von meinen Freunden.

Cora: Ich finde Geldverdienen und einen guten Beruf schon sehr wichtig.

Claudia: Wenn man später viele Kinder haben will, braucht man schon Geld.

Dilek: Ich würde hier in diese Welt keine Kinder mehr setzen.

Devran: Ich auch nicht. Wenn ich auf dem Land leben würde vielleicht.

Dilek: Ich finde es auch echt besser, dass ich aus einer ärmeren Familie komme, weil ich bestimmt mehr gesehen und gelernt habe als Kinder, die aus gutbürgerlichen Elternhäusern kommen, wo ihnen alles mit 'nem Zuckerrohr in den Arsch geblasen wurde. Die kriegen nämlich nichts selbst auf die Reihe.

Wie kann man die festgefahrene Situation ändern, um amerikanische Verhältnisse hier zu verhindern? Gespräche wie dieses?

Claudia: Ein Anfang. Man lernt sich wenigstens etwas kennen.

Cora: Gespräche wie dieses ändern vielleicht die Meinung über die beteiligten Personen, aber auf keinen Fall über die Gruppen. Das Gespräch macht mir eher noch Angst, wenn ich daran denke, dass Kinder im Alter von 12 oder 13 Jahren mit einer scharfen Knarre durch die Gegend rennen und Leute bedrohen. Ich habe aus diesem Gespräch heraus beschlossen, jeder türkischen Gang noch mehr aus dem Weg zu gehen als bisher.

Devran: Ich glaube, man kann daran nichts ändern, solange die Politiker mit uns hier spielen.

Dilek: Im engsten Freundeskreis kann man schon was ändern. Wenn ich von jemandem, mit dem ich enger zusammen bin, höre, der holt sich eine Knarre, dann würde ich diesen Menschen verabschieden. Oder er lässt es. Jemanden umzubringen, einfach abzudrücken, dazu gehört nicht viel Mut. Es ist viel schwieriger, mit jemandem noch zu reden, sich auseinanderzusetzen.

Cora: Man müsste mit dem Nachwuchs arbeiten, dieses Menschenverachtende wieder wegkriegen. Das muss früher anfangen. Schon im Kindergarten eigentlich.

Claudia: Sowieso glaube ich, dass – wenn überhaupt – nur in der Schule auf Kinder Einfluss genommen werden kann. Die Eltern sind meistens zu ahnungslos oder sie ignorieren einfach alles. Die Schule müsste die Kinder viel menschenfreundlicher erziehen. Das ist die einzige Chance.

Devran: Die Klassen müssten viel mehr gemeinsam unternehmen, zum Beispiel auch, um andere Kulturen kennenzulernen.

Claudia: Trotzdem bin ich sehr skeptisch, ob es nicht vielleicht doch schon zu spät ist, und ob man diese Kettenreaktion überhaupt noch stoppen kann. Erwachsene sollten die Probleme der Jugendlichen viel ernster nehmen!

Mai 1990, Connewitz, Leipzig| © pictureAlliance

„Die Kids von Connewitz"

Interview mit den Leipziger Hausbesetzer*innen **Michael** (16), Betriebsschlosser-Azubi, **Silvio** (16), Einzelhandelskaufmann-Azubi, **Nadine** (16), möchte eine Lehre als Hauswirtschafterin oder Schornsteinfegerin beginnen, und **Isabel** (15), Schülerin und Ferienjobberin

Findet ihr das Haus angenehmer als die Jugendzentren?

Michael: Jugendzentren gibt es in Leipzig ja kaum.

Silvio: Wenn ich ins Jugendzentrum gehe oder ins Bowling-Center, dann kann ich auch nur an der Theke hängen oder Billard spielen. Das ist auch zu teuer.

Isabel: Die ganzen Jugendklubs sind privatisiert, so dass sich das niemand mehr leisten kann. Die *Villa*, da gehen die Gruftis und Waver rein. Aber da sind so blöde Kunden drin. Da wirst du angequatscht, wenn du keine Bikes für 170 Mark anhast, da musst du eine ganz teure Bluse anhaben. Ich hab meine Docs selbst erarbeitet. Andere haben Eltern, die legen schnell mal 160 Mark für echte Docs hin und 120 Mark für eine Bomberjacke.

Wie viele seid ihr eigentlich?

Isabel: Wenn alle da sind, so 15 bis 20. Einige kommen allerdings nur, weil sie Fun haben wollen. Für uns ist das Haus aber eine Lebenseinstellung.

Nadine: Wir Mädels versuchen, im Haus Ordnung zu schaffen, die Jungs haben unten im Hof rumgebaut, eine Bühne. Jetzt wollen wir einjähriges Besetzerjubiläum feiern. Hier im Haus kann man mehr machen als in Jugendklubs. Dort kann man nichts mehr groß machen, da ist schon alles fertig.

Silvio: Zu der Feier haben wir auch schon ein paar Bands eingeladen.

Nadine: Die Jungs haben unten auch ein Bassin ausgehoben, den Hof aufgeräumt, Gras gesät. Die Mädels räumen eigentlich immer nur auf.

Das lassen sich die Mädels einfach gefallen?

Nadine: Irgendjemand muss es doch machen.

Spielt es in Leipzig noch eine große Rolle, ob jemand links oder rechts ist?

Isabel: Das können Sie aber riechen. Wenn drei Rechte einen Linken treffen, wird er zusammengewaffelt. Wenn drei Linke einen Rechten treffen, wird der zusammengewaffelt. Also da gibt es etwa ein Gleichgewicht.

Machst du da auch mit?

Isabel: Ich halte nicht viel davon. Ich hab noch nie von einem Rechten eine aufs Maul gekriegt. Ich halte mich lieber raus, ich kann eh nicht zuschlagen. Aber ich habe es schon gesehen.

Wie läuft das ab? Spielen Waffen eine Rolle?

Isabel: Unterschiedlich. Man kann davon ausgehen, dass jeder Fascho und Linke im gehobenen Alter, so mit 16, 17, 18 und älter, mindestens eine Schreckschussknarre einstecken hat. Man kann ja alles offiziell kaufen. Da kümmert sich doch kein Bulle mehr darum, ob jemand ein Butterflymesser kauft oder etwas anderes.

Silvio: CS-Gas, Messer, Schlagstock usw.

Isabel: Wir haben schon öfter Hooligan- und Fascho-Angriffe auf das Haus gehabt, da haben sie unsere gesamte Einrichtung, die Möbel, den Fernseher zertreten.

Silvio: Wir haben unten auch schon einen Einschuss aus einer scharfen Waffe gehabt.

Habt ihr Angst, durch Leipzig zu laufen?

Nadine: An kritischen Tagen oder in bestimmten Gegenden und bei Fußballspielen. Allein sollte man sich nicht dahin trauen.

Isabel: Oder man muss sich so anziehen, dass es nicht zu erkennen ist, dass man links ist. Aber Enrico, auch einer von uns, hatte gestern ein weißes T-Shirt an, eine helle Jeans und er hat kurze Haare, er ging die Straße entlang, ein Kunde ist vorbeigekommen und hat ihm eine gekracht im Vorbeigehen. Einfach so. Dem hat das Gesicht nicht gefallen, also hat Rico eine gekracht gekriegt.

War das vor der Maueröffnung auch schon so?

Isabel: Klar. Damals wurden hier mal ein paar Linke, dort mal ein paar Linke zusammengewaffelt. Das kam aber nicht an die Öffentlichkeit, weil es Verschlusssache war. Es gab allerdings keine Neonazis und keine Linksextremen.

Aber rechtes und linkes Gedankengut gab es?

Isabel: Das war teilweise vorhanden, aber nicht in der Menge. Das hat sich sehr vergrößert. Ich finde, dass jetzt hier die gleiche Situation wie vor dem Zweiten Weltkrieg ist: Hoffnungslosigkeit, Arbeitslosigkeit, überhaupt keine Zukunft mehr. Und da wird eben Hitler angestrebt.

Aber ihr habt alle eine Lehrstelle. So schlimm kann es wohl doch nicht sein?

Silvio: Bei uns ist es nicht so schlimm. Wir halten uns noch aus dem Ärgsten raus.

Isabel: Wir sind zu jung. Neulich haben wir mit denen aus der Stöckartstraße, Sternwarte und der naTo diskutiert, dass wir von den erwachsenen Linken viel zu wenig Unterstützung bekommen. Wir bräuchten jemand, der uns ein paar Baugitter vors Fenster macht, wir haben kein Auto, nichts. Solche Unterstützung bräuchten wir. Doch ehe da etwas in Bewegung kommt, muss man auf den Knien flehen.

Werdet ihr nicht ernst genommen?

Isabel: Nein, überhaupt nicht. Es heißt, wir in der Kohlenstraße, das sind „die Kids von Connewitz". Ich mag den Ausdruck nicht besonders. Wir gehen zu jeder Demonstration. Wir waren beim großen Angriff der Nazis auf die Stöckartstraße dort, haben mitgekämpft, haben Steine aufs Dach geschafft, Flaschen aufs Dach gebracht, haben uns hingestellt und gewartet, bis sie kamen. Als dann bei uns etwas war, haben wir mit den Leuten geredet, ob sie nicht ein paar Leute schicken könnten, um das Haus mit uns zu verteidigen. Niemand kam.

Silvio: Wir wussten, dass ein Angriff kommt. Wir sind losgerannt, wirklich überall hin. Niemand hat uns damals für voll genommen.

Isabel: Es war schon reichlich spät, Alkohol lässt grüßen. Dann sagen die Älteren, ich habe jetzt keinen Bock oder, ich habe jetzt gerade gekifft.

Silvio: Auf der Straße machen die natürlich mehr als wir, so Richtung Faschisten anmachen. Wenn es aber um Hilfeleistungen und Zusammenhalt der Linken geht, ist schon lange nichts mehr. Da macht jeder sein eigenes Ding.

Isabel: Die Faschos haben einen riesengroßen Vorteil: Die halten zusammen. Die haben eine Richtung, eine Linie, die kämpfen für ein Ideal. Bei uns gibt es eben Gruppen ohne Alkohol und Hasch, zu denen wir teilweise gehören. Bei uns im Haus ist absolutes Drogenverbot, nur hin und wieder Alkohol. Wir hatten früher Leute, die mit Drogen rummachten; das Problem haben wir gelöst und die Leute sind draußen.

Welche Regeln gibt es bei euch noch?

Isabel: Wir haben Krisensitzungen. Wenn Probleme auftauchen, Intrigen geschmiedet werden, setzen wir uns alle zusammen und reden, um das Problem zu lösen. Die anderen Linken machen sich immer lustig darüber, für uns ist das überlebensnotwendig, weil das den Zusammenhalt festigt. Da redet man über das Problem, redet sich aus und löst es.

Wie wichtig ist für euch die Unterscheidung links und rechts?

Isabel: Sehr wichtig. Das ist eine Lebenseinstellung.

Macht ihr Öffentlichkeitsarbeit?

Silvio: Wir haben es versucht. Haben hinter die Parolen der Rechten unsere Meinung geschrieben. Haben Flugblätter verteilt.

Isabel: Wir wollten auch mal eine Zeitung machen. Aber wir bekommen keine Unterstützung, das ist traurig.

Von wem wollt ihr denn Unterstützung?

Nadine: Von denen, die uns als Kids betiteln. Es gab eine Antifa-Zeitung, die haben Überfälle von Rechten auf linke Zentren aufgelistet. Auf der Liste stand ein einziger von zehn Überfällen auf unser Café. Wir erzählen denen das zwar, aber die kriegen das gar nicht mit.

Silvio: Als die mitbekommen haben, dass wir in Altenburg von Faschos überfallen wurden, haben sie nur gesagt: „Ah, hast du wieder die Fresse vollgekriegt?"

Wie viel Geld habt ihr im Monat zur Verfügung?

Isabel: Ich krieg gar nichts. Ich arbeite in den Ferien, um ein bisschen Geld zu haben. Ich hab dann gleich mal 50 Mark gegeben.

Nadine: Ich krieg 20 Mark im Monat. Meine Mutter ist alleine. Sie ist zwar seit fünf Jahren selbstständig, aber seit zwei Jahren läuft es viel schlechter als früher. Im nächsten Jahr bekomme ich, wenn ich Glück habe, BAFöG, das sind dann höchstens 350 Mark. Mit den 20 Mark komme ich gar nicht klar. Ich kaufe mir eine Schallplatte, dann ist das Geld alle. Mein Glück ist, ich bin Nichtraucher.

Silvio: Meine Eltern haben in der Stadtbrauerei gearbeitet, aber jetzt ist alles ganz unsicher. Meine Mutter verkauft jetzt Eis und mein Vater macht so etwas Manager. Meine Eltern geben mir so viel Geld, wie ich möchte.

Michael: Meine Mutter ist Krankenschwester, mein Vater arbeitet in so einem Betrieb, ich weiß nicht, wie das jetzt heißt. Bei uns sieht es im Moment auch knapp aus.

Silvio: Vor der Wende bin ich nie unter 20 Mark rumgelaufen. Jetzt bin ich froh, wenn ich fünf bis zehn Mark habe.

Isabel: Heute ist man froh, wenn man zwei Mark einstecken hat. Vorher sind wir immer mit einem Zehn-Mark-Schein rumgerannt.

Hat sich irgendetwas seit der Wende für euch gebessert?

Isabel: Stark verändert hat sich eigentlich gar nichts. Außer, dass ich jetzt Sackhosen kaufen kann und dass es jetzt Haarspray in ausreichender Menge gibt.

Silvio: Aber das sind Kleinigkeiten. Das, was wir alltäglich brauchen, ist teurer.

Bedauert ihr die Wende?

Isabel: Ja.

Silvio: Viel geändert hat sich nicht. Außer, dass man jetzt Bananen billig kaufen kann. Aber wo bekommt man noch einen billigen Apfel?

Reisefreiheit war ja für DDR-Bürger immer ein wichtiger Kritikpunkt. Wer ist denn nun von euch schon einmal verreist?

Isabel: Ich bin froh, wenn ich hier mein Leben geregelt kriege. Ich verzichte auf Urlaub, ich bleibe lieber hier und arbeite.

Silvio: Reisen? Das kann sich doch niemand leisten. Mehr als Tschechland ist auch heute nicht drinne. Da fährste eine Woche hin und frisst dich mal voll.

Isabel: Das ist fies. Tschechland geht es heute wie uns früher. Da fährst du hin, weil es billig ist, und die müssen auf unsere Kosten leiden.

Wie sind eure Gefühle gegenüber Westdeutschen?

Isabel: Überheblich bis zum Gehtnichtmehr. Nicht alle, aber viele. Es sitzt tief. Die sind knallhart.

Silvio: Du musst knallhart sein. Wenn du keinen Ehrgeiz hast und nicht knallhart bist, endet das böse für dich.

Wird sich das Verhältnis zwischen Ossis und Wessis ändern?

Silvio: Das wird noch lange dauern, bis die Lebensverhältnisse sich angleichen.

Michael: Und dann haben wir die gleichen menschlich beschissenen Verhältnisse wie drüben.

Isabel: Wer hat drüben denn schon einen richtigen Freund?

Nadine: Wenn man höher kommen will, müssen die Ellbogen raus. Zwischen Konkurrenten kann niemals eine Freundschaft entstehen.

21.12.1990 Punk in Ost-Berlin | © Picture Alliance

„Am Anfang ging es nur darum, irgendwie im Weg zu stehen.“

Interview mit **Paul** (24), Kommunikationselektroniker, und **Jonas** (23), Bäcker, Aktivisten eines alternativen Jugendklubs in Sachsen

Paul: Ich bin schon ein älteres Semester hier im Haus, weil mittlerweile sind viele junge Leute hier am Start. Angefangen hat die ganze Geschichte kurz vor der Wende ... Ich bin eigentlich Kommunikationselektroniker, hab mich aber selbstständig gemacht und verkaufe jetzt Szene- und Revolutionsbedarf; das fängt an beim Kapuzenpulli und hört auf bei Papers und Vinyl. Hauptsächlich aber Hip-Hop-Klamotten. Nebenbei organisiere ich auch noch Konzerte. Ziel der ganzen Geschichte ist eigentlich, Kohle abzufassen und die dann wieder in andere Sachen zu investieren und Leute damit zu unterstützen, mit denen zusammen was auf die Beine zu stellen.

Warum Hip-Hop? Läuft das hier am besten? Nicht Punk?

Paul: Nee, der Punk ist tot hier leider. Mit Punk haben wir angefangen damals, als wir dieses Haus hier besetzt haben.

Aber inzwischen habt ihr einen Mietvertrag, oder?

Paul: Zunächst hatten wir nur eine Duldung. Dann sollten wir einen Mietvertrag bekommen, aber an dem Wochenende, als der unterzeichnet werden sollte, sind hier fünf Gestörte rein und haben alles kurz und klein geschlagen, die elektrische Anlage komplett zerstört, alle Fenster zerschlagen, sogar das Dach zum Teil abgetragen und da Löcher reingeschlagen, einen Sachschaden von über 200.000 DM hinterlassen. Dafür haben sie dann Bewährungsstrafen gekriegt, weil die Mutti im Gerichtssaal geweint hat. Und seitdem versuchen wir mit den Einnahmen von unseren Veranstaltungen das Haus Stück für Stück zu sanieren. Am Anfang waren es Punk-Konzerte, da war das Haus immer voll, 300 Leute und mehr, und du musstest den Bands auch keine Gage zahlen, höchstens mal Spritkohle, die haben aus Solidarität hier gespielt. Jetzt bekommen wir auch ein bisschen Förderkohle von der Stadt für die weitere Renovierung.

Gestörte?

Paul: Rechtsradikale. Aber für mich sind das einfach nur Gestörte. Waren auch welche von der NPD-Ortsgruppe dabei. Aber mittlerweile ist der Kopf der Bande gen Westen gezogen, weil er keine Lust mehr hatte, sich hier ständig aufs Maul hauen zu lassen, und da hat sich die Sache etwas beruhigt. Aktuell sind wieder Neue am Start, so 13-, 14-Jährige mit Bomberjacken-Style, die hier nachts durch die Gegend ziehen und ihre Parolen grölen; da muss man ab und zu mal hinfahren und Präsenz zeigen.

„Präsenz zeigen"?

Paul: Das muss nicht damit enden, dass man die verprügelt, das wäre auch zu schade um die Kalorien, die man dabei verbrennt. Da genügt es, wenn man sich mal zeigt und die einfach verjagt.

Warum machst du das hier überhaupt? Geld verdienen könntest du wahrscheinlich woanders schneller …

Paul: Sicher. Das Haus ist so ein bisschen eine Lebensaufgabe für mich geworden. Am Anfang ging es eigentlich nur darum, irgendwie im Weg zu stehen und den Leuten im Stadtrat möglichst viel entgegenzusetzen. Die wollten damals einfach nichts für die Jugend tun, und das große Problem Rechtsradikalismus wurde auch nie angegangen. Nach der Wende gab's hier eigentlich nur Faschos und es war ein übles Gemetzel. Bloß bei uns, wir hatten damals noch ein anderes Haus, eine ehemalige Fabrik, da haben die sich nie reingetraut, weil wir entsprechende Vorsichtsmaßnahmen getroffen hatten und sich da auch ein gewisser Mythos aufgebaut hat, bei uns wären jeden Abend 150 Leute am Start. Inzwischen hat die Stadt etwas dazugelernt und unterstützt uns. Sie haben halt gemerkt, dass wir wirklich was drauf haben und viele Leute ansprechen, nicht nur die Bunthaarigen. Aber mein Traum ist jetzt noch, dass der Probenraum fertig wird und vielleicht sogar ein kleines Studio möglich ist.

Man sieht hier auf dem Gelände Punks, Skins, Hip-Hopper, Rasta-Leute – was hält die eigentlich zusammen?

Paul: Das Kiffen. Gegen Faschos zu sein, chillen zu können und die Rauchkultur. Und natürlich die Musik. Wir bieten hier kifferspezifische Mucke, also Hip-Hop und Reggae, aber auch Skin- und Punk-Mucke, und wenn wir mal ein Hardcore-Konzert haben, ist es hier auch voll. Die Leute kommen einfach, weil hier alles cool ist, der Ort, die Leute. Und das Lagerfeuer. Am Wochenende machen wir hier ein Riesenlagerfeuer, und es kommen wirklich viele Leute, zahlen 8 DM Eintritt und sitzen dann nur den ganzen Abend am Lagerfeuer und backen Knüppelkuchen. Und man kann sich hier auch wunderbar ins Gras legen und den Straftätern bei ihrer Arbeit zugucken, was die natürlich ungemein motiviert, wenn hier 50 Zecken im Gras liegen, Bier trinken und Joints rauchen und die müssen hier Steine schleppen.

Straftäter?

Paul: Letztes Jahr haben so ein paar Mappen versucht, Molotowcocktails im Haus zu versenken, hat aber nicht so richtig geklappt. Vom Gericht wurden sie dann zu 600 Strafstunden verurteilt, die sie jetzt bei uns ableisten dürfen. „Arbeit macht frei."

Was sind das für Leute?

Paul: So Dorfnazis, 17 bis 19 Jahre alt. Kommen aus einem Dorf, wo es keinen einzigen Arbeitslosen gibt, kein Asylantenheim, nichts, und trotzdem sind sie in ihrem Weltbild völlig verbohrt: „die Ausländer" ... Manchmal versuchen wir, mit denen zu reden, aber das bringt nicht wirklich was.

Jonas: Mein eigener Bruder ist ja bei diesen Deppen, also nicht bei der Gruppe jetzt, aber er war damals dabei, als die hier das ganze Haus zerdeppert haben. So bin ich eigentlich auch hier gelandet: Ich wollte mir das mal ansehen, und dann bin ich hängen geblieben, eigentlich auch zuerst wegen des Kiffens. Und jetzt organisiere ich hier seit vier Jahren die Konzerte mit.

Echt – dein Bruder ist Nazi und du bist bei den Zecken? Wie kam das?

Jonas: Früher haben wir beide *Onkelz* gehört, damit hat es angefangen, ich auch noch *Hosen* und *Ärzte*. Aber als mein Bruder dann in die Berufsschule kam, hat er Kontakt zu so einem üblen Fascho bekommen, der da alles rekrutiert hat, was dumm genug war, um mitzulaufen. Mein Bruder war schon damals nicht so die hellste Birne, und unter Alkohol hat er sich überall reinziehen lassen. Bei jeder Schlägerei musste er dabei sein. Und er hat schon vorher so Weltkriegszeug gesammelt und gebastelt, nur solche Bücher gelesen. Als er dann bei den Faschos war, hat er auch nicht mehr die *Onkelz* gehört, sondern nur noch *Störkraft*, *Werwolf* und wie die alle hießen. Heute ist er selbst ein NPD-Chef und rekrutiert den Nachwuchs. Und ich hab mich durch die *Onkelz* eben in die andere Richtung entwickelt. Ich mein, ich war nie so extrem rechts wie mein Bruder, aber auch bei mir in der Berufsschule waren nur Neonazis – so war das halt im Osten direkt nach der Wende. Aber mich hat das eher angekotzt, weil die dann sogar mit Knarren in die Schule reinmarschiert sind. Und überhaupt sehr stressig waren.

Aber anderen scheint gerade das zu gefallen. Oder warum findet dein Bruder immer Nachwuchs?

Jonas: Jeder hier im Osten sucht im Moment irgendwas, wo er sich dran klammern kann. Das wird immer schlimmer mit den Ausbildungsplätzen, immer mehr Leute wandern ab, viele verlieren so ihre letzten Freunde, vereinsamen – und wenn dann einer kommt und sagt: Bei uns kannst du mitmachen ...

Paul: Man säuft vielleicht einen zusammen, war 'n schöner Abend, geht man wieder hin.

Jonas: In dem Moment kommt es oft auf die erste Person an, mit der sie zusammentreffen. Ob das nun eine Zecke ist oder ein Nazi. Mein Bruder ist eben zuerst mit Nazis zusammengekommen, ich mit Zecken.

Und warum kommen die 13-, 14-Jährigen, von denen du eben erzählt hast, nicht zu euch?

Jonas: Manche schon. Aber es sind eben nicht alle Menschen intelligent. Ich will die jetzt nicht pauschal abwertend hinstellen, aber Maurer und Maler sind einfach geeigneter dazu, ins rechtsradikale Milieu abzudriften als Kommunikationselektroniker oder Leute, die Abitur machen, schon durch die Berufsschule. Das hab ich während meiner Ausbildung in Berlin gesehen: Die Maurer und Maler hatten alle keine Haare auf dem Schädel und 'ne Neigung, schon morgens beim Aussteigen aus der Bahn den rechten Arm zu heben. Auch unsere Straftäter hier sind Maurer oder Maler. Und wenn ich die Spacken sehe, die hier mit diesen Schweine-Aufnähern durch die Stadt laufen, weiß ich genau, warum die meinem Bruder hinterherrennen: Jeder Zweite von denen musste früher auf die Förderschule für Lernbehinderte.

Aber du willst doch nicht ernsthaft behaupten, dass es bei den Rechten keine intelligenten Leute gibt?

Jonas: Doch, die Führungskräfte, aber auch nicht alle, und das sind sowieso nicht viele. Und das unterscheidet die eben auch von uns: Wir haben keine Führer, bei uns muss jeder selbst denken und entscheiden und machen und dann auch die Verantwortung dafür tragen.

Aber ihr habt sicher bei allem anarchistischen Anspruch auch Hierarchien innerhalb eurer Szene und eures Hauses?

Paul: Natürlich, wir haben ja sogar formal einen Vereinsvorstand als Träger für das Haus. Aber auch ich kann mich nicht einfach hinstellen und sagen, ihr macht jetzt das und das. Alles muss schon ausdiskutiert werden, sonst klappt es nicht. Und was das Haus angeht, müssen eigentlich alle einverstanden sein, sonst engagiert sich ja keiner dafür. Bei den Rechten ist das anders. Als deren Führer weggezogen ist, ist bei denen wirklich die Welt zusammengebrochen. Die wussten echt nicht mehr, was sie machen sollten, und haben nichts mehr auf die Reihe gekriegt. Bei unseren Straftätern hier haben wir das mal bewusst so ein bisschen getestet, ihnen Aufgaben übertragen und gesagt, sie können das in Eigenverantwortung angehen und gestalten. Das ging gar nicht. Wirklich erst nach Wochen hat sich das bei denen so etwas gelockert, und der eine von denen kommt jetzt manchmal sogar und sagt: Ich hab da 'ne Idee ... Und ich bin sicher: Wenn der noch ein Jahr hier bei uns bliebe und aktiv mitmachen würde, wäre der für die Nazis verloren, weil er viel zu eigenständig und selbstdenkend geworden wäre.

Jonas: Andere kommen zu uns, weil sie zu Hause nicht klarkommen, nur auf die Fresse kriegen oder ständig rausfliegen, und bei uns können sie dann auch mal eine Woche übernachten. Viele sind echt fertig. Einer kommt jeden Abend und lässt sich volllaufen. Der ist eigentlich hochintelligent, hat sogar Abitur, aber vollkommen depressiv. Auf den müsstest du dich eigentlich richtig einlassen, aber das können wir gar nicht leisten; wir bräuchten eigentlich einen Psychologen hier. Mittlerweile gibt es auch Chemieopfer hier, sogar einer, der noch vor einem halben Jahr voll fett im Verein dabei war; jetzt jagt er sich nur noch Crystal in den Kopf, verträgt aber keinerlei Kritik mehr, keinen besorgten Rat. Sobald du sein Problem ansprichst, dreht der völlig durch.

Paul: Eigentlich müssten wir ausgebildete Sozialarbeiter sein. Ich kenn inzwischen die Lebensgeschichte von fast allen hier, weiß, wann einer mal wieder zur Verhandlung muss, von den Alten verprügelt wurde, das x-te Vorstellungsgespräch erfolglos hinter sich hat. Jeden Tag: Probleme, um die man sich kümmern müsste, aber auf die wir auch keine richtigen Antworten haben. Wir können nur zuhören und mit demjenigen zusammen überlegen, was geht. Und das ist oft zu wenig. Aber so blöd das klingt: Das ist eigentlich auch das, was mich hier hält und warum ich jeden Tag hier hinkomme, manchmal schon um sechs Uhr morgens. Klar, auch weil ich hier coole Leute treffe, den ganzen

Tag meine Musik hören kann und mich jederzeit hinsetzen und ohne Stress 'ne Tüte rauchen kann. Aber auch, weil das, was ich hier mache, Sinn macht.

Straight-Edger habt ihr keine hier, oder?

Paul: Nee, das war hier noch nie angesagt. Es reicht nicht mal für 'nen Veganer. Bei Hardcore-Konzerten kommen natürlich welche, und die Bands wollen auch manchmal veganes oder vegetarisches Essen. Das bekommen sie dann natürlich auch. Ab und an hast du auch so ein paar arrogante Kids mit *Youth-of-Today*-T-Shirt dabei, die andere dann anmachen: Hey, warum hast du eine Zichte im Maul? Warum trinkst du Bier? Aber ansonsten ist hier die Toleranz recht groß und es regt sich keiner über die Lebenseinstellung von 'nem anderen auf.

Hardcore ist nicht so euer Ding?

Paul: Doch, auf jeden Fall. Ich steh auf Hardcore und Metal, *Napalm Death*. Aber ich hasse diese arroganten Selbstdarsteller, die anderen immer irgendwelche Regeln aufzwingen wollen, um selbst besser dazustehen.

Jonas: Ich seh mich immer noch als Punk, was für mich vor allem bedeutet, relaxt zu leben, immer entspannt bleiben und das Leben genießen.

Dafür engagiert ihr euch beide aber doch recht intensiv ...

Jonas: Das gehört für mich zum Relaxen dazu. Ich bin nirgendwo so entspannt wie auf einer guten Demo.

Würdet ihr euch selbst als Linke sehen?

Jonas: Nein, ich würde es eher als alternativ bezeichnen. Weil links verbinden viele mit der Partei oder auch mit den Grünen. Und das kotzt mich an. Parteien überhaupt.

Paul: Außerdem: Die linke Szene, die sich selbst so begreift, hackt meistens ja nur auf sich selber herum. Anarchisten gegen Kommunisten, Autonome gegen Parteileute, und jetzt diese Antideutschen gegen alle anderen. Und jedes dieser Grüppchen hat eigene Benimmregeln und Verbotsschilder, die alle Angehörigen auswendig können müssen, wenn sie nicht geächtet werden wollen. Nein danke! Da könnt ich gleich Spießbürger werden. Der einzige Punkt, wo ich mich ganz klar links zuordne, ist der Antifaschismus und die junge Antifa-Szene.

Seid ihr selbst in der Antifa aktiv oder arbeitet ihr mit der jungen Antifa-Szene zusammen?

Paul: Wir haben mal versucht, hier eine ortsübergreifende Antifa an den Start zu bringen. Ist aber grandios gescheitert. Zum einen, weil die aus dem einen Ort eben nicht mit denen aus dem anderen Ort zusammenarbeiten wollten, und weil wir eher so der anarchistische Pulk waren, während die so einen Thälmann-Fan als Führer hatten. Da musste alles mit Tagesordnung gemacht werden und sauber protokolliert; wer für was zuständig war, wurde ordentlich gewählt, und vor jeder Aktion gab es stundenlange Diskussionen. Das war nicht so unser Ding. Wir sind da eher die Spontis. Aber für antifaschistische Aktionen brauchst du auch nicht immer 20 Mann, da reichen manchmal auch zwei ... Oder einmal in der Woche fahren wir mit einer kleinen Gruppe durch die Gegend, suchen uns ein paar von denen, jagen die mal ordentlich durch die Blocks und dann ist wieder für eine Weile Ruhe und die haben es begriffen, dass sie hier unerwünscht sind.

Wie ist denn hier allgemein das Kräfteverhältnis zwischen linksalternativer und rechter Szene?

Paul: Die linke Szene, uns eingerechnet, ist eindeutig größer. Aber auch der normale Hip-Hopper, der sich auf der Straße anspasten lassen muss, warum er in „Negerklamotten" herumläuft, hört sich das nicht dreimal an. Deren Hochzeit ist vorbei. In den ersten drei, vier Jahren nach der Wende waren die hier echt mächtig. Die haben sogar die ganzen Puffs hier auseinandergenommen und sich mit den echt harten Jungs angelegt. Weil einfach jeder, der sich gerne prügeln wollte, zu denen gerannt ist. Die ganzen Hools, die Skins, die normalen Assis. Aber als es dann richtig heikel wurde, politisch, und nach und nach die Köpfe verschwanden, entweder im Knast oder im Westen oder in der Säufer- und Drogenszene am Bahnhof, da sind viele wieder abgetaucht. Und die Jüngeren in ihren Bomberjacken, die jetzt wieder zu ihnen strömen, werden nicht lange da bleiben; die sind eher aufgrund der Verherrlichung der Szene durch die Medienberichte dort hinverführt worden.

Aber die Medien berichten doch nie positiv über Nazis …

Jonas: Nein, aber sie zeigen, wie sie Ausländern aufs Maul hauen und überall die Macht haben – angeblich, muss man sagen, bei uns haben sie die definitiv nicht. Und das bleibt bei den Jungen hängen. Der kritische Kommentar dazu interessiert doch keinen. Und auf der anderen Seite zeigen sie die Ausländer auch wieder als böse, wie sie in großen Gruppen vorm Asylantenheim herumhängen oder so. Da fällt es den Jungen hier nicht schwer, sich für eine Seite zu entscheiden. Denn sie sind ja keine Ausländer.

Paul: Wie schon in alten Hollywoodfilmen: Der Böse ist immer ein Schwarzer oder Mexikaner, der Gute ein Weißer, der mal einen schwarzen Kompagnon haben darf, aber der ist nie der eigentliche Hauptdarsteller.

Aber ihr nutzt die gleichen Medien und seid keine Nazis geworden. Das kann also nicht die Hauptursache sein …

Jonas: Nicht nur. Ich lese, seit ich 16 bin, die *Junge Welt* und versuche mich auch anderswo vielseitig zu informieren. Aber wenn jemand nur die BILD-Zeitung liest, was bei denen gar nicht so selten ist, und immer nur diese Randaleberichterstattung konsumiert, egal, ob es jetzt um Skinheads, Asylanten oder Kampfhunde geht, dann bleibt das nicht ohne Folgen.

Und was könnt ihr entgegenhalten, um den Kids auch zu imponieren?

Paul: Indem wir uns hier engagieren und wirklich was auf die Reihe kriegen für uns und andere Jugendliche. Wir machen zum Beispiel beim Stadtfest mit, und wir waren die Ersten, die sich mit einem Graffiti-Event daran beteiligt haben. Im nächsten Jahr hat uns die Stadt schon eine eigene Bühne angeboten. Da haben wir einen Tag Hip-Hop präsentiert, einen Tag Hardcore und Punk, einen Tag so ein bisschen Chill-out, und das kam wunderbar an. Wir sind ständig in der Zeitung, nicht wegen irgendwelcher Skandalgeschichten, sondern weil wir da und dort was anbieten, organisieren, mitdiskutieren. Wir haben jetzt auch schon 50 Vereinsmitglieder, und das sind viele aus der Stadt, die uns einfach nur unterstützen wollen. Der Sohn unseres CDU-Bundestagsabgeordneten hing auch lange Zeit hier ab, weil sein bester Freund Schlagzeuger unserer Hausband war, und der wiederum war der Sohn des Superintendenten. Damit konnten sie uns schon mal nicht so einfach in eine extreme Ecke drängen. So was ist wichtig, ein gutes Netzwerk, damit du ein wenig Ruhe hast und dir was aufbauen kannst.

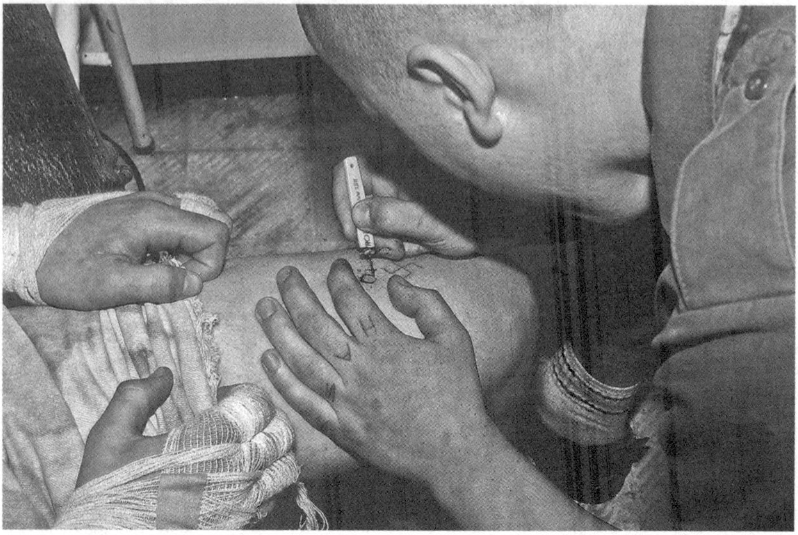

1992, Jugendclub in Berlin-Marzahn| © Dietmar Gust

„Dann geh ich runter und suche einen, der mich provoziert.“

Interview mit **Mike** (23), Maler, Ex-Hammerskin

Wie bist du aufgewachsen?

Mit zehn Jahren bin ich in ein Heim für Schwererziehbare gekommen. Das war teilweise eine schöne Zeit, teilweise aber auch nicht. Vom Sportlichen her hat mir das sehr gut gefallen, aber von der Erziehung her und vom System her weniger. Ich hab immer das gemacht, was ich wollte. Wenn die Erzieher gesagt haben, du machst jetzt 'ne Stunde Hausaufgaben, hab ich gesagt, ich mach 'ne halbe Stunde. Und ich wurde dann auch sehr leicht aggressiv, ausfallend, aufbrausend. Wenn man morgens aufgestanden ist, sollte man sich in einer Reihe auf den Teppich stellen, an der Linie, die Füße zusammen, die Hände an die Naht und alles solche Sachen, und dann rechts um und marsch! Und wenn das alles nicht so funktioniert hat, wie die Erzieher das wollten, dann das ganze Kommando zurück und alles noch mal von vorne. Dann im Essenssaal durfte als Erstes der Gruppenerzieher, dann der Gruppenleiter und dann die Gruppe. Und wenn der eine sich mehr draufgehauen hat, hat der Nächste eben weniger bekommen, und das hat immer zu Komplikationen geführt. Und wenn man es überzogen hatte, ging es in den Bunker. Der war 2 x 2 Meter. Früh um sechs wurde die Tür aufgeschlossen, die Pritsche musste ran an die Wand, und dann konnte man zusehen, wie man den Tag verbracht hat in der Zelle. Das war schon ganz schön extrem. Aber man hat auch sehr viel unternommen. Ich hab Fußball gespielt, war in der Leichtathletikgruppe. Aber zwei Wochen vor der Wende bin ich abgehauen aus diesem Heim. Und dann war ich das erste Mal mit ein paar Kumpels im Westen. Ich kannte das überhaupt nicht, den Westen, Coca-Cola, Mercedes, BMW, immer nur geguckt. Wir wussten gar nicht mehr, wo wir waren. Bald war auch das Geld knapp, und da musste man zusehen, wie man was zu essen bekam. Na ja, haben wir eine Scheibe eingeschmissen, und das war's. Und wieder ein halbes Jahr später im Osten und durch Kumpels, die älter waren als ich, bin ich an Kumpels rangekommen, die in der rechten Szene waren. Und das hat sich dann im Laufe der Zeit so ergeben, bin immer wieder mitgefahren, auf Konzerte, auf Partys, war auf Demos dabei und dann '92 in Rostock-Lichtenhagen. Und ganz ehrlich gesagt, das war für mich ein sehr großes Erlebnis. So was hab ich noch nie gesehen in meinem Leben, und ich hab sofort fleißig mitgemacht. Von der Meinung her war ich überhaupt noch nicht so weit gewesen, ich bin einfach mitgezogen und gut. Und heute, muss ich ganz ehrlich sagen, bereuen tu ich es nicht, aber ich bin glaube ich im Laufe der Zeit toleranter geworden und nicht mehr ganz so aggressiv wie früher. Das war früher schon richtig extrem. Ich hab in der Zeit nach der Wende sehr viel Mist gebaut. Sehr viel.

Zum Beispiel?

Anderen Menschen wehgetan. Ich war vier Mal im Knast deswegen, einmal für zwei Jahre wegen schwerer Körperverletzung, das müsste eigentlich reichen. Ich war früher richtig extrem. Schon, wenn ich früh aufgestanden bin und aus der Haustür rausgekommen bin und mir hat einer nicht gepasst, da hat man das so ein bisschen provoziert, und wenn er dann irgendwas gesagt hat, ist man gleich hingegangen und druff. Und dann gab es immer Ärger mit den Linken, das war eigentlich der Tagesablauf am Wochenende. In der Woche arbeiten gegangen, am Wochenende auf Konzerte oder eben Ärger mit den Linken; das kam ganz darauf an, wo wir waren. Ansonsten gab es immer Ärger mit den Bullen.

Was für Konzerte waren das?

Zu Anfangszeiten waren es immer Oi!-Konzerte, manchmal auch Ska-Konzerte. Und dann im Laufe der Zeit war ich nicht mehr unpolitisch, sondern hab mich mehr so in die politische Richtung drängen lassen, und dann hab ich mich mehr so mit den alten Zeiten von 1933 bis 1945 beschäftigt und davor noch der Erste Weltkrieg und überhaupt die ganze Geschichte des deutschen Volkes und mit den Germanen und alles das. Und das war für mich doch interessanter und hat mir mehr gelegen als immer nur einen auf Proll-Skin zu machen, immer nur Party feiern. Ja, und dann bin ich in die Partei gegangen, erst kurz in die FAP und dann in die NPD rüber. Aber da bin ich dann auch ausgestiegen, nachdem ich so ein bisschen Ärger gehabt hatte mit der NPD-Führung und von denen einen Brief gekriegt hab, ich sei ein Volksverräter. Da hab ich mir gesagt, das brauche ich nicht, diese Spinner.

Wieso Volksverräter?

Ich kann es mir auch nicht erklären. Ich reiß mir für die den Arsch auf, versuche das Beste, dann muss ich mir sagen lassen, ich bin ein Volksverräter ... Vielleicht, weil ich im Knast war, die hatten da wohl Angst um ihr Image. Na ja, und dann hab ich so einige Sachen erfahren, wie die ihr Geld machen, und das hat nun auch nicht so in meinem Interesse gelegen, erst so sprechen und dann ihr Geld ganz anders verdienen, genau das Gegenteil von dem, was sie sagen, tun, das kann es nicht sein. Da reden die immer von ausländischen Drogendealern, dabei muss in Berlin doch kein einziger Kamerad, welche Droge auch immer er braucht, zu 'nem Türken oder 'nem Araber gehen. Aber dann hab ich eh mal wieder gesessen wegen Körperverletzung, und das hat den Ausschlag gegeben, mal ein bisschen nachzudenken. Ich habe zwar meine Meinung immer noch, aber lauf nicht mehr so rum und bin auch nicht mehr ganz so extrem. Ich kenn sie zwar alle noch, wenn ich sie mal treffe auf der Straße: „Tach!" und: „Wie geht's dir?", aber mehr nicht.

Was für Partei-Arbeit hast du denn geleistet?

Wir sind eigentlich immer zu zweit mit dem Auto rumgefahren, an die Türen und haben Werbung reingesteckt oder auch die Leute direkt angesprochen. Ältere Leute, 50, 60 Jahre, haben uns größtenteils immer was abgenommen, aber die Jungen, 30, 35, die wollten davon nichts wissen, denen war das alles egal – rechts, links, Deutschland überhaupt. Dann hat man Beitrag zahlen müssen, wir hatten regelmäßig Versammlungen, es gab schon viele Sachen. Es gab auch Wehrsportübungen, geb ich ganz ehrlich zu. Natürlich nicht offiziell von der Partei organisiert, aber so, wie man das immer darstellt, dass die rechte Szene noch teilweise unorganisiert ist und nur aus einzelnen kleinen Gruppen besteht, so ist es einfach nicht mehr. Die sind straff organisiert.

Aber wieso bist du von der FAP zur NPD rübergewechselt? Das sind doch eher so alte Säcke?

Ja, die richtigen Mitglieder, die schon zehn Jahre und länger dabei sind, das sind schon so ältere Säcke, 40, 50 Jahre, und da sind auch Leute ausm Zweiten Weltkrieg dabei, mit 80 Jahren sind da noch welche bei. Aber bei der JN, den Jungen Nationaldemokraten, sind es eben Jugendliche, 18, 19, 20, 21 Jahre, und denen geht's auch nicht bloß um diese politische Laufbahn, die wollen wirklich was radikal verändern. Und die wissen auch, dass diese Veränderungen nicht über den Parlamentarismus kommen werden, dass die NPD nie eine Chance hat, die Fünf-Prozent-Hürde zu knacken, außer vielleicht in irgendwelchen Landgemeinden. Die sind zu mehr bereit, vor allem bei uns im Osten.

Deine ersten Kontakte zu dieser Szene hattest du mit 12 oder 13. Da spielte doch bestimmt Politik noch keine Rolle für dich, oder?

Nein, das Politische hat sich bei den Leuten auch erst nach der Wende so richtig entfaltet. Für mich war es dieses Gefühl von Kameradschaft. Was ich zu Hause nicht gekriegt habe, habe ich da gekriegt. Man hat mit mir gequatscht, ich konnte mich ausquatschen, man hat viel unternommen. Dann kam die Zeit, da hab ich mich hingesetzt mit Büchern und Videos und Guido Knopp geguckt, und so lernst du immer mehr dazu. Und dann wurde ich immer besser so von der Ideologie her und hatte irgendwann meinen eigenen Kopf, brauchte mir nichts mehr erzählen lassen, konnte teilweise schon anderen wieder was erzählen. Doch dann kam die Zeit mit dem Knast eben, und als ich wieder rauskam, hatten die mich beklaut in der Zeit. Und dann war endgültig Schluss.

Hast du in einer WG mit anderen Kameraden gewohnt?

Nee, mit einer Frau. Und ich hatte eine gute Sammlung, ich hatte 'ne Büchersammlung, die dicken Kriegsbücher, und *Landser*-Hefte hatte ich fast 2.000 Stück gehabt. Als ich nach zwei Jahren aus dem Knast kam, war alles weg, meine Bücher, meine Musik, meine

T-Shirts, Stiefel, alles war weg. Dann hab ich die Leute aufgesucht – und keiner war's gewesen. Dann hab ich gesagt, behaltet die Sachen, aber bei mir braucht ihr nie wieder ankommen. Und wenn ich sie heute von Kameradschaft reden höre, dann weiß ich, was ich davon zu halten habe.

Das hört man ja häufig, dass in der rechten Szene auch untereinander viel geklaut wird, selbst bei rechten Konzerten ...

Früher auf den Konzerten, da sind wir hingegangen und wollten unseren Spaß haben; wir haben gepogt, wir haben getrunken, und das war es gewesen. Auf Ska-Konzerten war es ja richtig lustig immer mit uns, und da gab es keinen Ärger, nichts. Aber wie wir in die rechte Szene reingerutscht sind, da wurde es auf den Konzerten mit der Zeit immer brutaler, immer aggressiver, die Stimmung schon untereinander und auch die Stimmung anderen gegenüber.

Wieso wurde es auf rechten Konzerten immer aggressiver? Da waren ja keine Fremden anwesend ...

Ich weiß nicht. Da stand der eine mit seiner Frau da und da kam ein anderer an und hat die angerempelt, aus Versehen sicher, war ja meist eng und voll, aber schon ist er hinterher: Was rempelst du meine Braut an? ... Anlässe waren immer nur Kleinigkeiten gewesen. Beim Pogen war es scheißegal, da biste 'nem anderen in die Schnauze gesprungen, das hat keinen interessiert, aber so Kleinigkeiten wie Zigarettenasche auf der Jacke oder Alk drauf verschüttet oder irgendwas mit dem Weib und es ging los. Meist haben sich dann gleich zwei Gruppen gebildet, die sich gegenüberstanden und aufeinander losgingen. Na ja, und heute verpfeift der eine den anderen bei den Bullen, die anderen beklauen sich untereinander.

Aber ich kann das auch nicht so richtig erklären, warum es immer aggressiver wurde. Ich weiß nur, dass ich mit der Zeit auch immer aggressiver wurde. Irgendwann war es für mich fast wie eine Sucht, gebe ich ganz ehrlich zu. Durch den Fußball kenne ich ja viele Hools, und seitdem ich mich von der Szene etwas entfernt habe, gehe ich wieder zum Fußball. Das heißt nicht, dass ich mich jedes Wochenende keilen tue, aber wenn irgendwas Großes ist, dann fahre ich mit. Das brauche ich teilweise, weil ansonsten lasse ich meine Aggressivität manchmal bei meiner Freundin aus. Sie wird nicht verprügelt oder so, aber wir zanken wir uns dann oft wegen nichts, nur weil ich schlechte Laune habe und weil ich aggressiv werde. Manchmal schmeiß ich dann ein Bierglas gegen die Wand oder auf den Boden, kippe irgendwas um. Früher habe ich meine Aggressivität an Menschen ausgelassen, heute ist die Aggressivität vielleicht noch ein bisschen schlimmer geworden, aber ich lasse sie nicht an Menschen aus, ich gehe nicht mehr runter und suche einen, der mich provoziert. Heute dauert es auch nicht mehr so lange, 'ne halbe Stunde vielleicht, 'ne Stunde; ich hab gelernt, mich irgendwie am Riemen zu reißen. Aber weil mich so vieles ankotzt noch an diesem Staat, steht es mir irgendwann wieder bis hier, ist alles am Brodeln und da könnte ich wieder ausrasten.

Was kotzt dich so an?

Das sind so viele Sachen. Zum Beispiel mit den Renten, dieses Hin und Her: Da kriegen sie mal ein bisschen mehr, mal wieder ein bisschen weniger. Mit den Mieten ist genau dasselbe, ebenso mit dem Arbeiten. Ich bin gelernter Maler und Lackierer, ich gehe nicht für acht Mark die Stunde arbeiten, was soll denn das, warum? Aber irgendwann wird mir nichts anderes übrig bleiben. Ein Kumpel von uns muss jetzt vom Arbeitsamt für 900 Mark arbeiten gehen. Die Politiker labern immer und es passiert einfach nichts. Für die Jugend schon gar nicht. Kiek dir an, wie viele Leute seit 1990 arbeitslos geworden sind. Ist doch traurig, oder? Aber ich als Einzelner kann da nichts machen, solange das Volk nicht auf die Straße geht und gemeinsam ...

Aber die Aggressionen, die in dir drin sind, können nicht daher kommen, die hattest du ja früher auch schon ... Hast du mal drüber nachgedacht, woher das grundsätzlich kommt?

Ich stand ja mal unter psychologischer Beobachtung, musste ich hin, vom Gericht verordnet, also Anti-Gewalt-Seminar und psychologische Beobachtung. Da hab ich ja zugestimmt, weil ich selbst wissen wollte, warum ich so aggressiv bin. Jedenfalls bin ich dann hin und die Frau hat mich reingebeten und ich sollte mich auf die Couch legen – und da bin ich schon fast wieder ausgerastet, nach kaum einer Minute bei ihr: Warum soll ich mich auf die Couch legen? Ich bin doch nicht bekloppt! Jedenfalls hat sie mich dann gefragt über die Kindheit und ob meine Mutter mich geschlagen hat oder der Lebenspartner von ihr. Und dann kam ich langsam in so einen Trott, habe erzählt, ja, sie war mit einem Mann zusammen, der muss sexuell nicht ausgelastet gewesen sein, keine Ahnung, der hat mich geschlagen, meine Mutter geschlagen und mir den Umgang zu meiner Oma verboten. Und das hat sich über anderthalb Jahre so hingezogen, und irgendwann habe ich mir dann gesagt, ich heule nicht mehr. Bei jeder Schelle, die ich gekriegt habe, habe ich mir das Heulen verdrückt und hab ihn ausgelacht, und dafür habe ich immer wieder eine Schelle gekriegt. Einmal hat er meine Mutter mit 'ner Bierflasche beschmissen und ist auf sie raufgesprungen und wollte ihr in die Schnauze hauen. Da bin ich in die Küche gegangen, hab ein Messer genommen und ihm in die Kehle gedrückt: Wenn du meine Mutter nicht in Ruhe lässt, dann steche ich dich ab. Aber ich habe dann den Kontakt abgebrochen zu der Psychologin, bin nicht mehr hingegangen, weil ich wollte nicht mehr erzählen, konnte nicht mehr. Deswegen musste ich eine Woche im Knast abbrummen, weil ich diese Bewährungsauflage nicht erfüllt habe. Bei dem Anti-Gewalt-Training war ich nicht ein einziges Mal, in den ganzen zwei Jahren nicht.

Du meintest eben, deine Denkweise hätte sich verändert, heute wärst du nicht mehr so radikal. Was hat sich für dich verändert?

Meine Denkweise ist nicht mehr ganz so extrem, glaube ich zumindest, obwohl meine Freundin manchmal zu mir sagt: Wie kann man so voller Hass sein! Für mich war sehr wichtig: Im Knast hatte ich ja nicht nur mit Deutschen zu tun, sondern auch mit

Albanern, mit Libanesen. Ich habe auch Türken kennengelernt, die haben ihre eigene Rasse gehasst und ihre eigene Mutter. Da saß einer drin, der hat seine Mutter umgelegt. Was ich immer gedacht habe über Türken und Jugoslawen, das stimmt größtenteils gar nicht. Ich hätte nie gedacht, dass ich mich in den zwei Jahren mit Türken und Libanesen besser verstehe als mit manchem Deutschen. Es gab schon welche, die geguckt haben, wer ist denn das, ein Nazi, aber die meisten Türken hat das gar nicht interessiert, den Libanesen hat das nicht interessiert. Wir sind draußen aufm Hof rumgelaufen und haben gequatscht und geraucht und mit Tabak gehandelt, das war eigentlich ganz cool. Da hab ich ein bisschen was erfahren und gemerkt, die kannste nicht alle über einen Kamm scheren, weil ich verlange ja auch, dass man mich nicht mit allen über einen Kamm schert. Am Ende hat er gesagt, ob ich ihn mal anrufen könnte, hab ich gesagt, ich glaube nicht. Wir können uns unterhalten und so, aber wir müssen ja nicht gleich sehr gute Kumpels werden.

Du hast ein Hakenkreuz tätowiert. Wie stehst du zum Nationalsozialismus?

Da war eine Party bei uns zu Hause und da hab ich einfach mal so aus Lust und Laune zu einem Kumpel gesagt, tätowiere mir doch mal ein Hakenkreuz auf den Arm. Zackzack, das war ja 'ne Sache von zwei Minuten. Heute bereue ich es teilweise, weil mir das doch schon sehr viel Ärger gebracht hat.

Ich glaube, der Nationalsozialismus war nicht unbedingt verkehrt gewesen, aber darüber könnte man tagelang diskutieren. Nationalsozialismus war schon 'ne schöne Zeit. Ich mein, ich hab es ja nur von meinen Großeltern erfahren. Meine Oma ist nicht fanatisch, aber sie hat eben die Zeit miterlebt. Wir haben drüber gesprochen und sie hat mich gefragt: „Wie findest du Adolf Hitler?" Ich sagte: „Das, was ich gesehen habe und so, war er nicht unbedingt schlecht gewesen." Aber wir waren beide der Meinung, Adolf Hitler ist im Großen und Ganzen nur eine Marionette gewesen und mehr auch nicht, eine Marionette, die gesteuert wurde. Das

Volk hat auf ihn nun mal gehört, weil er redegewandt war, aber er hat die Reden noch nicht mal selber geschrieben teilweise, die wurden ihm vorgesetzt. Er konnte sie nur gut umsetzen und er war populär nach der Wirtschaftskrise, er hat das ausgenutzt.

Und von wem gesteuert?

Ich glaube doch, dass es andere Leute gab im NS-Staat als Goebbels, Göring oder Bormann. Für mich ist es unglaublich, dass ein Gefreiter, der noch nicht mal ein Deutscher ist und ein Halbjude war, dass dieser Mann ein Führer wurde, das ist für mich unglaublich.

Hitler war Halbjude?

Er hieß ja auch nicht Hitler, er hieß eigentlich Schicklgruber, sein Papi war Postbote. Aber ob nun Halbjude oder nicht, er war bloß Gefreiter im Ersten Weltkrieg, und es gab viele wie Rommel oder Keitel, das sind für mich so die wahren Führerpersönlichkeiten. Goebbels ist ein kleiner Spinner gewesen und Göring 'ne fette Sau. Aber Rommel zum Beispiel, von diesem Mann halte ich sehr viel, der war ein ehrenhafter Soldat und er ist als Held gestorben.

Und was ist mit den Konzentrationslagern?

Ich habe es nicht miterlebt, ich kenne es nur aus Filmen und Büchern, also kann ich auch nichts dazu sagen. Teilweise glaub ich es, teilweise aber auch nicht. Ich weiß es nicht hundertprozentig. Ich mein, die Bilder gibt es, passiert muss es ja sein, man kann es nicht komplett wegschieben, aber warum, wieso, weshalb interessiert mich nicht und will ich auch gar nicht wissen.

Wenn ich in so einem Lager gewesen wäre, ich hätte das Kotzen gekriegt, und ganz ehrlich gesagt, denk ich mal, so wie ich heute bin, wäre ich einer gewesen, den sie als sogenannten Untermenschen ins Arbeitslager gesteckt hätten. Ich hab früher immer gesagt, und das sag ich heute noch, wär das Attentat auf Hitler geglückt, würden wir heute alle besser leben. Denn der Nationalsozialismus wäre geblieben, aber nicht so extrem vom System her, nicht so mit dem ganzen „Deutschtum" und der „Rassenfrage", sondern mehr so nach der alten preußischen Art. Denn die das Attentat geplant haben und durchführten, Stauffenberg, Witzleben, Hoepner usw., das waren alles gestandene Generäle, Offiziere aus der alten Preußen-Garde, die zum Teil schon unter Wilhelm I. gekämpft haben im Ersten Weltkrieg.

Warum interessieren sich Leute, die so alt sind wie du, überhaupt noch und gerade für diese Zeit?

Für mich ist es wichtig, wo ich herkomme. Ich habe mal vor drei, vier Jahren meine Oma gefragt, wie es in unserem Stammbaum aussieht und da hat sie mir den Stammbaum gezeigt, den sie mal so nachgeforscht hat, und der ging wirklich ein paar Jahrhunderte zurück. Ich lege sehr großen Wert drauf, wer ich bin und wo ich herkomme. Ich persönlich will ja keinen deutschen Staat, in dem nur Deutsche leben, aber so, wie es zur Zeit läuft, kann es nicht sein. Ich bin der Meinung, Deutschland ist kein Auffanglager für irgendwelche Kriegsflüchtlinge, Wirtschaftsflüchtlinge und sonst was für Müll. Deutschland hat innenpolitisch genug Probleme zu klären, und man sollte sich erst mal um die eigenen Probleme kümmern, anstatt um die der ganzen Welt.

Ein Kumpel, bei dem ich mal gewohnt habe, der ist richtig fanatisch. Der hat noch Originalbilder von Adolf Hitler, da hängt ein großes Porträt von dem an der Wand, und für ihn ist diese Zeit einfach alles. Der setzt sich in die Zeit zurück und denkt, er lebt in der Zeit, die ganze Wohnung von ihm ist voll mit Bildern, Aufklebern, Postern, Panzern ... – nur Nationalsozialismus, nichts anderes. Er glaubt daran, dass diese Zeit wiederkommt, vielleicht erst in hundert Jahren oder in zweihundert Jahren, aber er sitzt da in seiner Wohnung und wartet drauf. Und der ist gerade 19 geworden.

Sind nicht viele in der rechten Szene so fanatisch und leben in ihrem eigenen Paralleluniversum? Oder tun die nur nach außen so?

Na ja, es gibt viele, die einfach nur in der Gruppe so sind. In der Gruppe fühlen sie sich alle stark, und wenn sie alleine sind, dann sind sie so klein mit Hut. Wo ich in die Szene reingekommen bin, haben sie mir 'ne Aufgabe gestellt und wollten sehen, ob ich mutig bin. Sie haben mich nach Kreuzberg gefahren und in Uniform, also so 'n eindeutig nationales T-Shirt, Bomberjacke, Glatze, Stiefel, Bundeswehr-Hose, vorm SO 36 ausgesetzt. Das kannte ich ja nicht, ich war noch nie in Kreuzberg gewesen. Haben also gesagt, da ist 'ne Party und da gehste jetzt rein. Alles klar, habe ich gesagt. Warum kommt ihr nicht mit? Nee, nee, wir warten da um die Ecke. Ich bin da rein und denke, was ist das denn: Türken, Araber, alles drin. Ich dann so schnell wie's ging raus, die mir hinterher. Da mir meine Kumpels gesagt hatten, sie warten ein Stück weiter um die Ecke, bin ich hingestürmt und – es war es 'ne Sackgasse und keine Spur von meinen Kumpels. Ich hab mir fast in die Hosen geschissen. Hab mir 'ne Latte gegriffen und dann stand ich da und hab mir meine Angst rausgeschrien: Kommt doch her, ich bring euch alle um, ich schlag euch alle weg. Ich hab natürlich den Arsch vollgekriegt, dann haben sie mich auf der Straße liegen lassen. Irgendwann kamen meine Kumpels an und meinten, Mike, haste gut gemacht.

Warst du direkt dann bei den Hammerskins organisiert? Die haben doch auch so formale Mitgliedsdinger, oder? Du musstest was unterschreiben, oder?

Ja ja, und du musstest auch zur Versammlung kommen, das war absolute Pflicht. Die haben manchmal bei mir angerufen: Komm vorbei, und da musstest du hin, egal, was du gerade gemacht hast. Die wollten einfach nur prüfen, ob du kommst, ob du absolut zuverlässig bist. Selbst wenn du auf der Arbeit warst oder gerade auf deiner Frau druff, wenn der angerufen hat: Komm, dann musstest du alles stehen und liegen lassen und sofort hin.

Wie unterscheiden sich Blood & Honour und Hammerskins?

Blood & Honour und Hammerskins können sich überhaupt nicht

ab. Blut und Honig, sagen wir immer dazu, hat sich irgendwann mal abgesplittert. Ich kann dir das gar nicht genau erklären, ich weiß das nicht. Ein Kumpel hat mir nur mal erzählt, Blood & Honours sind voll die Idioten und Wichser. Dann hab ich mich mal mit welchen getroffen, und die waren eigentlich ganz okay und vom Prinzip her genauso wie wir. Ich hab mal auf einer Versammlung gesagt, ich kenne Blood & Honours, ich kenne 88er, ich kenne Vandalen, ich kenne sogar Punker und einen Türken, die von der Denkweise her genauso sind wie wir. Wenn sich alle zusammenschließen würden, dann könnten wir echt was erreichen hier, dann würden wir sogar die Fünf-Prozent-Grenze schaffen, jetzt parteimäßig.

Begegnen sich die verschiedenen Gruppen nicht auf den Konzerten?

Nein, Blood & Honour und Hammerskins haben ihre eigenen Konzerte und ihre eigenen Bands. Manche Bands spielen für beide, aber eigentlich gibt es eher 'ne Schlägerei, wenn sich Hammerskins und Blood & Honours begegnen.

Blood & Honour ist größer und die Hammerskins sehen sich eher als Elite?

Ja, Blood & Honour hat mehr Mitglieder und größere Konzerte. Die Hammerskins haben schon genauer geguckt, wen sie aufnehmen, und dann auch mehr erwartet. Wir haben uns zum Beispiel immer in einer Kneipe getroffen, der Besitzer war selbst Hammerskin, wir hatten da unseren Stammtisch hinten und dann wurde eben geplant, was machen wir am Wochenende. Und manchmal wussten wir das erst am Freitag, Sonnabend ist Konzert zum Beispiel, da fahren wir hin, und da sind wir alle hingefahren, und wenn einer schon was mit seiner Familie geplant hatte, dann musste er das eben verschieben mit seiner Familie, so ist das abgelaufen.

Wie wichtig sind eigentlich Konzerte?

Früher waren Konzerte sehr wichtig. Vorne haben die gepogt in einer kleinen Runde und hinten standen alle anderen, haste gequatscht über alles. Konzerte waren unser Leben damals, ohne Konzerte gab es einfach nichts. Das war nicht wie heute, wo man in die Kneipe geht, sich ein paar Bierchen reinhaut und wieder nach Hause geht. Bei Konzerten hat man auch immer Leute kennengelernt, auch mal ein paar Weiber. Das war ja nie so einfach, so groß ist die Auswahl in der rechten Szene ja nicht. Wenn da überhaupt mal eine Frau auftauchte, die nicht schon einem Kameraden gehörte und nicht allzu hässlich war, dann standen da gleich ein Dutzend Kerle in der Bewerberschlange.

Gehst du heute noch zu Konzerten?

Nee. Ich hab an Konzerten das Interesse verloren, ich kann es mir auch auf CD anhören und mir zu Hause ‘nen ruhigen Abend machen. So wie früher ist es ja eh nicht mehr. Und sie würde auch gar nicht mitmachen, wenn ich jedes Wochenende auf ein Konzert fahren würde.

Du wirst alt.

Was heißt alt, manchmal fehlt auch einfach das Geld dazu. Die Karte kostet schon so 20, 25 Mark, und man trinkt ja auch gerne mal zwei, drei, vier Bierchen, und da werden 50 Mark nicht unbedingt reichen. So ein Konzert geht ja nun vier, fünf Stunden. Außerdem stehen die Bullen meist schon da. Kaum hat das Konzert angefangen, ist noch nicht mal aufgebaut, da wird das schon wieder abgebrochen. Die haben offenbar so viele Spitzel in der Szene, wenn die wollen, können die fast jedes Konzert verhindern.

Hat sich die rechte Szene verändert in der Zeit, in der du dabei bist?

So kameradschaftsmäßig wie früher ist es nicht mehr, weil heute in der Szene jeder nur an sich selber denkt. Wenn sie sich schon untereinander beklauen und sich auf die Schnauze hauen, dann hat das nichts mehr mit Zusammenhalt oder mit Kameradschaft zu tun, und dann hat es auch gar keinen Sinn mehr, sich damit weiter noch zu beschäftigen, weil, wenn sie diese Kameradschaft schon untereinander nicht haben, also dann bringt das überhaupt nichts. Und ich würde mich heutzutage in der Hinsicht auf niemanden mehr verlassen, nur noch auf mich selber.

Wenn die Kameradschaft in der rechten Szene nicht funktioniert, was ist dann noch spannend?

Keine Ahnung. Ich kenne viele, die gehen heute bloß noch los zum Saufen, und das kann keine Kameradschaft ausmachen.

Und trotzdem heißt es, es landen immer mehr in der rechten Szene?

Dann musst du aber mal gucken, was das für Leute sind. Jetzt sind es nicht mehr 24-, 25-Jährige, jetzt sind es alles Jugendliche mit 16, 17, weil sie nicht wissen, wo sie sonst hin sollen auf den Dörfern. Guck sie dir doch alle an, denen sieht man es zwar nicht an, aber hier oben drin sind sie alle gegen Ausländer, sind sie alle rechts im Kopf und wählen auch alle, sobald sie dürfen, rechte Parteien auf den Dörfern. Der Zuwachs steigt einfach nur durch die Jugend, weil sie nicht wissen, wo sie sonst hin sollen. Bevor sie auf der Straße sitzen, gehen sie lieber da hin.

Wenn du heute einen Sohn hättest, der in die rechte Szene einsteigen wollte – würdest du ihn eher warnen? Oder eher sagen: „Mach es."

Ich würde mich mit ihm unterhalten und ihm erzählen, wie ich das erlebt habe, denn im Prinzip ist es ja seine Sache. Er muss sich seine Meinung selber bilden. Wenn er anfängt, Scheiße zu bauen, dann würde ich ihm davon abraten, ich würde sagen, mach es nicht; denn ich weiß, was passiert, wenn er es zu oft macht. Aber wenn sie nicht hören wollen, dann müssen sie fühlen. Die meisten wollen nicht hören, die denken: Lass ihn quatschen, mir passiert schon nichts.

Wie würdest du generell dein Kind erziehen?

Meinen Sohn würde ich nicht unbedingt rechts erziehen, aber ich würde ihn schon mit gewissen Grundsätzen ausstatten, das heißt: Ordnung, Sauberkeit und Fleiß. Aber wenn er das gewisse Alter hat und sich seine eigene Meinung bilden will, warum nicht. Wenn er jetzt so ein Schwuler würde, bräuchte er bei mir nicht mehr ankommen, damit würde ich als Vater oder Erzeuger überhaupt nicht klarkommen. Ich würde mich schämen, mir dann so vorhalten, haste irgendwas falsch gemacht, war mein Sperma nicht in Ordnung. Aber wenn er links wird, bitte, ist es seine Sache. Wenn er den Weg wählt, den ich gegangen bin, würde ich ihm schon sagen: „Das und das kannste machen, das und das würde ich dir nicht raten", weil ich das eben selber erlebt habe.

Was könntest du machen, dass dein Sohn nicht genau so einen Hass entwickelt und so aggressiv wird wie du?

Ich glaube, das fängt in der Schule schon an. Vielleicht nicht in der ersten Klasse, aber wenn er sechste, siebte Klasse ist und nach Hause kommt und sagt: „Papa, mir hat ein Ausländer die Jacke geklaut", dann würde ich hingehen und sagen, egal, ob das ein Deutscher ist oder ein Kanaker: „Jacke zurück, ich gebe dir fünf Minuten." Aber wenn er jetzt nach Hause kommt und sagt: „Papa, ich hab mich mit 'nem Türken unterhalten oder mit 'nem Schwarzen", da würde ich nicht sagen: „Pass auf, mein Freund, also Neger sind überhaupt keine ..." Ich würde sagen: „Du kannst mit denen spielen, aber komm mir nicht mit so was nach Hause."

Was würdest du machen, wenn da eine Freundschaft bzw. Beziehung entsteht?

Im Endeffekt müsste ich das akzeptieren, bleibt mir ja nichts anderes übrig. Wenn ich das nicht machen würde, irgendwann würde er sich gegen mich wenden und nichts mehr mit mir zu tun haben wollen.

Was wär so schlimm daran, wenn er eine ordentliche deutsche, nur eben etwas dunkelhäutigere Freundin hätte?

Das ist unvorstellbar für mich, weil ich das nicht kenne. Ich kenne das nicht und ich hab es auch nie probiert mit 'ner Dunkelhäutigen, mit 'ner Türkin oder so. Ich glaube, da bin ich noch ein bisschen altmodisch und würde das nicht zulassen.

António ist tot.

Wie Neonazis Eberswalde zur ersten „ausländerfreien Stadt in Deutschland machen wollten und ihnen Polizei und Bürgermeister dabei in die Hände spielten.

Eberswalde-Finow, 70 Kilometer nordöstlich von Berlin am Oder-Havel-Kanal gelegen, ist eine ganz normale Industriekleinstadt des neuen Deutschlands. Nach den Wirren der Wendezeit wünschen sich die Bürger nichts mehr als Ruhe und Ordnung, einen Arbeitsplatz und bescheidenen Wohlstand. Die Geschäfte bieten die Segnungen des Westens, doch was Eberswalder dieser Tage von vergleichbaren Städtern in der alten Bundesrepublik erheblich unterscheidet, ist die große Angst, arbeitslos zu bleiben oder zu werden oder zu verarmen. Dennoch geht es ordentlich, sauber und diszipliniert in dem 60.000-Seelen-Städtchen zu. Pünktlich um 13 Uhr schließen die Geschäfte in der (Noch-)Wilhelm-Pieck-Straße, der örtlichen Einkaufsmeile. Für zwei Stunden zieht sich die Stadt in die wohlverdiente Mittagsruhe, ins Private, zurück. Hier ist nichts, das die Nähe der Hauptstadt verriete; keine Hektik, kaum Lärm, keine Flut von Reizen. Nach 40 Jahren sozialistischer Gängelei und psychischer Pression, so scheint es, kommt der deutsche Michel auch in Eberswalde-Finow wieder ins Reine mit sich selbst. Allen voran die Polizei: „Keine besonderen Vorkommnisse", meldet sie beruhigend. „Die Rechtsextremisten verhalten sich seit Wochen still", versichert Eberhard Herrmann, Presseoffizier der Eberswalder Polizei, die sich vor allzu neugierigen Journalisten hinter einem drei Meter hohen Eisentor verschanzt – das Städtchen war Ende des vergangenen Jahres wegen marodierender Neonazis in die Schlagzeilen geraten. „Wir kennen den Kern von etwa 15 bekannten Gewalttätern. Aus polizeilicher Sicht haben wir mit denen wenig zu tun. In jüngster Zeit gab es keine Übergriffe und keine Anzeigen", beschwichtigt der Presseoffizier.

Es scheint, als hätten die Ordnungshüter die Lage nach den hässlichen Vorfällen des Herbstes wieder unter Kontrolle. Vergessen scheinen die wiederholten Überfälle der Rechtsradikalen auf das Wohnheim der damals in Eberswalde lebenden 800 angolanischen und mosambikanischen Vertragsarbeiter. Bis auf ein knappes Dutzend wurden alle „Gastarbeiter" – ausgestattet mit einem Handgeld von 3.000 Mark – in ihre Heimatländer zurückgeschickt. Vergessen auch die Schreckensnacht vom 24. auf den 25. November, als etwa 50 Neonazis den *Hüttengasthof*, Wochenend-Diskothek und einziges Lokal in Eberswalde, in dem die zurückgebliebenen Schwarzafrikaner noch gern gesehene Gäste waren, stürmen wollten und auf der

Straße drei von ihnen mit Baseballkeulen, Ketten und Messern so schwer verletzten, dass der Angolaner **Amadeu António Kiowa** elf Tage später starb.

Rainer Gruzialewski, Bürgermeister des Ortsteils Finow, ist durchaus auf den guten Ruf seiner Gemeinde bedacht. Dennoch schätzt er die Lage anders ein als die Polizei: „Wir haben es hier mit einer sehr aggressiven rechtsradikalen Szene zu tun, die vor nichts zurückschreckt." Er sei zwar kein Ausländerfeind, betont er, und in einem vereinten Europa würden wir immer mit Ausländern zusammenleben müssen, trotzdem sei er froh, dass kaum noch Schwarzafrikaner in der Stadt wohnten. Seine Hoffnung: Die Neonazis geben dann Ruhe und beschränken sich auf ihre Wehrsportübungen in den umliegenden Wäldern. „Irgendwie brauchen diese Jugendlichen ja die Ausländer für ihre Gewalttätigkeiten."

„Als ich von der Außentoilette in die Wohnung zurückkam, stand ein etwa 20 Jahre alter Mann in der Küche, ein anderer in der Wohnstube." Karin M., deren Freund im vergangenen Oktober, zwei Monate nach der Geburt des gemeinsamen Kindes, nach Mosambik ausgewiesen wurde, wusste nicht, wie ihr geschah. Plötzlich sprühte ihr einer der Männer Tränengas in die Augen. Voller Hass hätten die Eindringlinge Karin M. als „Negernutte" beschimpft und gedroht, das Kind umzubringen.

Zweimal innerhalb weniger Wochen wurde Karin M. Opfer eines Überfalls durch rechte Schläger. Die Eindringlinge schlugen auf die junge Frau ein, brachen ihr das Nasenbein, traten ihr in den Bauch, in den Rücken und in die Nieren. Eine Stunde lang. Verzweifelt setzte sich die Mutter zur Wehr, versuchte sie, ihren Säugling vor den Gewalttätern zu schützen. Vergeblich. Einer riss die Tochter an sich und brüllte: „Da ist ja der Negerbastard." Rüde warf er das Kind in das Bettchen zurück. Daraufhin durchsuchten die Neonazis die Wohnung und stahlen Karin M., die von 700 Mark im Monat leben muss, die letzten 200 Mark, während sie schrien: „Wenn du Negerschlampe leben willst, musst du bezahlen. Falls du zur Polizei gehst, passiert dir und dem Kind dasselbe wie **Amadeu**."

Anzeige hat Karin M. beim zweiten Mal nicht erstattet. Aus Angst vor weiteren Übergriffen und aus Resignation. Von der örtlichen Polizei erwartet sie keine Hilfe mehr. Im Gegenteil. Als sie den ersten

Überfall zu Protokoll gab, habe ihr ein Beamter geantwortet: „Was schaffen Sie sich auch so ein Baby an." „Solche Babys", das sind in Eberswalde-Finow die Kinder ortsansässiger Frauen und angolanischer und mosambikanischer Vertragsarbeiter, die ab 1986 als billige Arbeitskräfte für das Walzwerk und das fleischverarbeitende Kombinat angeworben wurden.

Als der neonazistische Mob in der Nacht zum 25. November 1990 **Amadeu António** langsam zu Tode prügelte, stand die Polizei abwartend vor dem Werksgelände der Chemischen Werke an der Leninstraße – einen Steinwurf vom Tatort entfernt. Eine Augenzeugin: „Vier Einsatzwagen standen dort, ich rannte zu ihnen, habe sie angeschrien, sie sollen **António** zu Hilfe eilen." Doch ein Polizeibeamter habe nur mit der Frage geantwortet: „Sollen wir uns für einen Angolaner totmachen lassen?"

Presseoffizier Eberhard Herrmann weist Vorwürfe, die Polizei schütze offenbar nur Deutsche, entschieden zurück. „Die Eskalation vor dem *Hüttengasthof* war nicht vorhersehbar. Wir reagierten, sobald wir über die Ansammlung informiert waren und unsere Einsatzkräfte zusammengezogen hatten."

Diese ließen es aber offensichtlich an dem nötigen Einsatz fehlen, denn die Erinnerungen von Augen- und Ohrenzeugen ergeben ein anderes Bild. Der Überfall auf den Treffpunkt der angolanischen und mosambikanischen Bürger Eberswaldes war geplant. „Am Abend der Tat herrschte hier eine heiße Stimmung. Ständig grölten die Rechtsextremisten ‚Heil Hitler', ‚Deutschland den Deutschen'", erinnert sich Martin Appel, der Pastor in Eberswalde-Finow ist und in unmittelbarer Nähe des *Rockbahnhofs* wohnt, eines Szenetreffs der Neonazis. Er spürte, dass sich etwas anbahnte. „Gegen ein Uhr nachts sind sie dann randalierend in Richtung *Hüttengasthof* losgezogen."

Unter ihnen Tristan Dewitz, der als Führer der örtlichen Szene gilt und dem Staatsschutz wegen seiner neonazistischen Aktivitäten einschlägig bekannt ist. Nach der Maueröffnung war er für einige Monate Richtung Ruhrgebiet verschwunden. „Offensichtlich hatte er dort Kontakt zu organisierten Rechtsextremisten und wurde in Organisation und Führungsstil geschult", sagt Bernd Wagner, Abteilungsleiter des Staatsschutzes im Gemeinsamen Landeskriminalamt der fünf neuen Bundesländer.

Anders als die ahnungslose Polizei, die der Schlägertruppe in sicherem Abstand folgte, war der Wirt des *Hüttengasthofs* bereits vor dem Abmarsch der Neonazis über den geplanten Coup informiert. Er warnte die Gäste, schickte sie nach Hause und verschloss das Lokal. Zur gleichen Zeit rückte ein zweiter Trupp von Jungnazis aus einem Vorort, der Max-Reimann-Siedlung, in der 20.000 Menschen leben und die nur 700 Meter nördlich der Disko liegt, auf den *Hüttengasthof* vor. Alle Angolaner und Mosambikaner kamen mit dem Leben davon – nur **Amadeu António** nicht.

Im Juli 1991, acht Monate danach, ist die besagte Novembernacht Thema im Café-Restaurant *Specht*, einem Treffpunkt der Rechtsradikalen in der Max-Reimann-Siedlung. Tischgespräch dreier Nazi-Schläger: „Im Herbst haben wir Verhandlung. Ich hab gehört, dass die uns nicht mehr wie früher alle einsperren können. Die müssen nachweisen, wer von uns den Schlag austeilte, der den Neger umgebracht hat." Ähnlich gelassen sehen auch andere Tatbeteiligte der kommenden Verhandlung entgegen. Von den elf Festgenommenen sind bis auf zwei alle wieder auf freiem Fuß.

Die Kette merkwürdigen Behördenverhaltens in Eberswalde-Finow riss auch nach dem Tod des **Amadeu António** nicht ab. Als Vera G., Lebensgefährtin des getöteten Angolaners, am 12. Januar 1991 mit ihrem Baby aus der Entbindungsstation in ihre Wohnung in der Fritz-Weinecke-Straße 13 zurückkehrt, trifft sie auf Tristan Dewitz, den Führer der Neonazis, als neuen Mieter der Nachbarwohnung. „Ich habe Tristan die Wohnung vermittelt, da er mir glaubhaft versicherte, dass er aus der Szene aussteigen wolle", begründet Bürgermeister Rainer Gruzialewski seinen unverständlichen Schritt.

Noch am 10. Dezember hatte der „Aussteiger" mehr als 80 Neonazis mobilisiert, die zur Gründung des „Deutschen Völkischen Bundes" nach Eberswalde gekommen waren. Und nichts deutete auf ein verändertes Weltbild und Verhalten des Nazi-Führers hin. „Hitlerporträts und Hakenkreuzfahnen", so der Bürgermeister, der in regelmäßigen Abständen nach dem Rechten sah, „schmückten weiterhin sein Zimmer". Die Fürsorge vom Amt, die der vermeintliche Aussteiger genoss, reichte sogar bis zum Polizeischutz – Tristan Dewitz wurde angeblich von Gesinnungsgenossen bedroht. Eine Maßnahme, die weder Vera G. noch anderen bedrohten Frauen gewährt wurde. Entsprechende Anfragen wiesen Polizeibeamte ab: Wer sich bedroht fühle, könne sich einen privaten Wachschutz engagieren.

Das Vertrauen in ihren Bürgermeister ist bereits am 14. Januar 1991 erschüttert. Die Wohnung von Vera G. sowie einige Wohnungen von Nazi-Kritikern, die ebenfalls im Hause wohnen, werden verwüstet. Allein die Wohnung des „Aussteigers“ Dewitz bleibt unversehrt. Bis heute sind die Täter unbekannt. Wegen der akuten Gefahr vermittelt der Bürgermeister Vera G. eine neue Wohnung in der Steinfurther Straße – nicht ohne ihr den väterlichen Rat zu geben, „Eberswalde doch lieber Richtung Berlin oder Westdeutschland zu verlassen“.

Zwei Tage nach Vera G.s Umzug bezieht Tristan Dewitz ebenfalls eine neue Wohnung und wiederum in ihrer unmittelbaren Nachbarschaft. Er zieht weitere Neonazis mit sich, die vom Bürgermeister gleichfalls Wohnungen in der Straße zugewiesen bekommen. Für Vera G. wird das Leben schließlich unerträglich. An einem Tag ist der Kinderwagen mit Hakenkreuzen beschmiert, am nächsten Tag ist er völlig zerstört. Aus vorbeifahrenden Autos, in der Straßenbahn, selbst auf dem Arbeitsamt wird sie angepöbelt. Und nicht immer sind es ausgemachte Neonazis, die sie als „Negerhure“ beschimpfen; auch „Stinos“, stinknormale Bürger, entladen ihren Hass.

Pastor Martin Appel, der viele der Jungnazis aus Zeiten der evangelischen Jugendgruppe kennt: „Genauso schlimm wie dieser Mord ist die stillschweigende Zustimmung vieler Erwachsener zu den ausländerfeindlichen und rassistischen Parolen, die ihre Kinder jede Nacht in unserer Stadt rufen.“ Parolen, die an Frauen wie Gaby, Roswitha und Renate, die seit Monaten wie Gefangene in ihren Wohnungen leben, gerichtet sind. „Mit unseren Kindern können wir nicht spazieren gehen, da wir jederzeit mit Übergriffen rechnen müssen.“ Es ist ihnen unmöglich, mit den wenigen schwarzen Freunden, die heute noch in Eberswalde leben, auszugehen. Immer wieder tauchen nachts Kleingruppen von Neonazis in der Nähe des Hauses auf, brüllen „Heil Hitler“ und „Stellt die Negerhuren an die Wand“. Gaby: „Ich hoffe, sie erfahren nicht, in welchen Häusern wir genau wohnen.“ Eine verzweifelte Hoffnung. Denn vor wenigen Wochen hing bereits ein Zettel an ihrer Wohnungstür: „Du bist die Nächste, du alte Negerschlampe und dein Gör auch.“ Als Gaby die anonyme Bedrohung anzeigte und um Schutz für sich und ihr Kind bat, sagte der Beamte lakonisch: „Wer garantiert mir denn, dass Sie den Zettel nicht selbst geschrieben haben?"

Mitte Juli wurde Gaby am helllichten Tag von vier Neonazis angegriffen. Erst als ein paar Passanten eingriffen, ließen sie von ihr ab. „Dich holen wir ein anderes Mal", schrien die Schläger ihr hinterher. Nervlich am Ende, flüchtete Gaby für zwei Wochen nach Westdeutschland, um sich zu erholen. Sobald sie eine Wohnung gefunden haben, möchten Gaby und einige ihrer Freundinnen wegziehen. „Das ist kein Leben mehr, ständig diese Angst. Ich liege oft wach im Bett, höre in die Stille und frage mich, wann sie nun kommen und die Wohnung aufbrechen." Hilfe haben die etwa 20 Frauen Eberswaldes mit schwarzen Kindern von niemandem zu erwarten.

Pastor Appel sieht kaum eine Möglichkeit zum Eingreifen. „Es gibt in der Jugendszene zwar ein Gegengewicht zu den Rechten, aber dieser Kreis der Jugendlichen ist zu schwach, um die Neonazis entsprechend zu beeinflussen." Auch Hartwin Schulz, Jugendarbeiter des Kirchenkreises und Mitbegründer des Kreisjugendringes, zieht eine niederschmetternde Bilanz: „In Eberswalde-Finow gibt es praktisch keine Jugendarbeit." Hartwin Schulz selbst stehen für die Jugendarbeit im Kirchenkreis ein jährlicher Etat von 600 Mark und ein 20 m² großer Kellerraum als Treffpunkt zur Verfügung.

„Der Trend zum Rechtsextremismus läuft bereits seit Jahren", sagt Pastor Appel, vor allem in der in den 1970er Jahren hochgezogenen Plattenbausiedlung der Max-Reimann-Siedlung sei das zu beobachten. „Dort", so Appel, „verdichten sich die sozialen Probleme." Hohe Scheidungsraten, schlechte Bildungseinrichtungen, die jede Phantasie und Kreativität abtöteten, und die jahrelange ideologische Bevormundung seien für die jüngste Entwicklung verantwortlich. „Die Kinder haben vor dem Hintergrund all dieser Probleme ihr eigenes Weltbild zusammengebastelt, und aufgrund der permanenten Rotlichtbestrahlung sind sie nun braun." Appel ist überzeugt, dass in der Vergangenheit nur der rigide Polizeistaat rassistische und neonazistische Übergriffe verhindert habe. Zeiten, an die Gaby bereits heute wehmütig zurückdenkt. „Vor der Wende gab es keine Probleme, kein Schwarzer wurde angegriffen, wir konnten mit unseren Männern ausgehen, es war wunderbar. Im Sommer machten die Kubaner, Mosambikaner und Angolaner vor ihrem Wohnheim Musik und tanzten. Das soll nun alles vorbei sein?"

Eberswalde-Finow ist im Begriff, zur ersten „ausländerfreien" Industriestadt des vereinten Deutschlands zu werden – ein echter Triumph der ungestört agierenden Neonazis. Keine der Frauen möchte in der Stadt bleiben. Die ersten von ihnen sind bereits Richtung Westdeutschland abgewandert. Kommentar des Bürgermeisters, als er erfuhr, dass die Lebensgefährtin von **Amadeu** nach Morddrohungen Ende Juni Hals über Kopf aus ihrer Heimatstadt floh: „Ich denke, es ist das Beste für sie. Hier hat sie doch keine Zukunft mehr."

Was weiter geschah:

Am 16.09.1992 musste sich Eberhard Seidel vor dem Kreisgericht Eberswalde für seine Berichterstattung zu den Ereignissen und Behördenverhalten in Eberswalde im *Tagesspiegel* vom 20.07.1991 und 22./23.08.1991 in der *Badischen Zeitung* verantworten. Der Bürgermeister von Eberswald-Finow klagte vor Gericht, dass in den Artikeln Behauptungen aufgestellt wurden, die geeignet seien, ihn in seinen Persönlichkeitsrechten zu verletzen. Er habe Seidel weder ein Interview gegeben noch mit ihm gesprochen, durch die Artikel werde er als etwas trotteliger Kommunalpolitiker dargestellt, und das sei geeignet, ihn herabzusetzen und zu beleidigen. Am 29.09.1992 wurde die Klage vom Kreisgericht Eberswalde im Namen des Volkes als unbegründet abgewiesen. Die Kosten des Rechtsstreits hatte der Bürgermeister von Eberswalde-Finow zu tragen.

Von den sechs jugendlichen Tätern, die **Amadeu António** töteten, wurden fünf 1992 vom Bezirksgericht Frankfurt (Oder) wegen Körperverletzung mit Todesfolge zu maximal vierjährigen Haftstrafen verurteilt, die zum Teil zur Bewährung ausgesetzt wurden. Es war nicht nachzuweisen, wer die tödlichen Schläge ausgeführt hatte.

Die Anklage gegen die Polizisten, die zusahen, ohne einzugreifen, wegen „Körperverletzung mit Todesfolge durch Unterlassen" wurde 1994 vom Landgericht Frankfurt (Oder) abgewiesen.

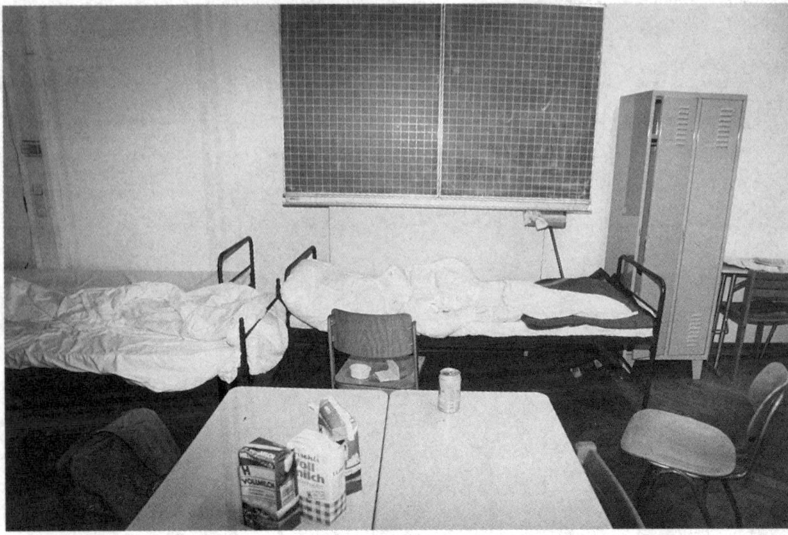

1990, Asylheim in der BRD | © Picture Alliance

Freundschaft im Asylheim

Interviews mit **Mike** (20), Ex-Skinhead, und **Markus** (26), Student aus Äthiopien, die beide im Asylheim leben

Mike

Mike, du warst früher Skinhead. Was hat dich an der Szene so gereizt?

Der Haarschnitt und die Kleidung. Außerdem war es so eine Modesache zu DDR-Zeiten. Und weil die Mode nicht allzu oft gewechselt hat, hat man das nachgemacht, was die anderen auch gemacht haben. Es gab viele Schlägereien und Randale, aber das ist normal, das ist bei uns in jeder Disko so. Bevor ich in das Asylbewerberheim kam, hatte ich hier viele Freunde. Das ist jetzt natürlich ein wenig abgeflaut.

Wie war deine Einstellung gegenüber Ausländern?

Ich hatte Vorbehalte. Wenn man arbeitslos ist, denkt man, die Asylbewerber oder die Ausländer nehmen einem die Arbeit weg. Ich hatte im Automobilwerk so eine Art Praktikum gemacht während der Schulzeit, da hatte ich schon viel mit Ausländern zu tun gehabt. Viele aus Nigeria und Vietnam haben da gearbeitet. Ich bin mit den Leuten sehr gut ausgekommen. Die waren ruhig, wir konnten uns gut mit denen unterhalten, ich hatte im Prinzip nie etwas gegen die.

Wie kommt es, dass du jetzt mitten unter den Asylbewerbern wohnst?

Vor drei Jahren hat mich mein Vater rausgeschmissen, weil ich bei meiner Lehre einen Aufhebungsvertrag gemacht habe. Da hat mein Vater gesagt: „Du kannst gehen. Wer nicht arbeiten will, der gehört nicht zu uns." Anschließend hab ich neun Monate im Zelt gewohnt, bevor ich mit einem Kumpel, der ebenfalls obdachlos war und ebenfalls rechtsgerichtet ist, hier ein Zimmer bekam.

Wie war das, als wenig später die Asylbewerber hier einzogen? Hatten die nicht Angst vor dir?

Als die Asylbewerber kamen, bin ich noch mit Glatze, Domestos-Jeans, Bomberjacke und Doc Martens rumgerannt. Die Afrikaner und Albaner hatten voll Angst vor mir. Die Bulgaren und Rumänen dagegen kamen von vornherein frech an, haben sich gleich mit mir geprügelt. Die aus Afrika kamen, aus Nigeria, Ghana und Äthiopien, die haben sich absolut ruhig verhalten. Mit denen hab ich auch gleich Kontakt aufgenommen. Markus kam öfter bei mir vorbei, weil er Deutsch konnte, und hat mit mir gesprochen. Dadurch habe ich sie alle kennengelernt.

Hast du mal versucht, zwischen deinen alten Kumpels und den Leuten hier zu vermitteln?

Ja, hab ich versucht und bei manchen auch geschafft. Die verstehen jetzt, dass sie hierherkommen, weil sie ein Problem haben, dass sie nicht gerne hier sind und lieber in ihrer Heimat wären. Einige Leute kommen jetzt noch zu mir und sagen: „Ey, Mike, wir machen eine kleine Party, lädst du die Äthiopier mit ein?" Da sind auch Glatzen dabei. Aber viele, die gehört haben, dass ich mit einer Frau aus Afrika zusammen bin, behaupten nun, ich würde jetzt Leute einschleusen. Aber das ist nicht wahr. Wenn man sich in eine Frau verliebt, ist es egal, welche Hautfarbe sie hat und woher sie kommt. Ich mach bei keinem Menschen einen Unterschied. Wenn ein Mensch ein wenig Grips im Kopf hat, kann man sich mit jedem unterhalten; dann ist es egal, ob es ein Rechter ist oder ein Linker, ein Neutraler oder ein Ausländer. Ich komm mit den Rechten auch gut aus – oder sagen wir besser, ich bin gut ausgekommen. Die verstehen nicht, dass sich einer auch gut mit Ausländern versteht. Das kriegen die in ihren Kopf nicht rein.

Hast du schon mal eine abgekriegt?

Silvester wurde ich ziemlich zusammengeschlagen. Der Grund war eigentlich nur, dass einer meiner früheren besten Freunde zu viel getrunken hatte und mich dann als Kanakenfreund beschimpfte. In seinem Suff ist er abgedreht. Danach hat er mit drei anderen draußen vor der Disko auf mich gewartet und auf mich eingeschlagen. Die anderen hatten schon immer etwas gegen mich, weil ich eben ein Einzelgänger war und mein eigenes Ding gemacht habe. Zu DDR-Zeiten wurde fairer gekämpft, Mann gegen Mann und ohne Waffen. Heutzutage wird CS-Gas genommen oder Baseballschläger und es wird mit Doc Martens zugetreten. Das ist nicht mehr wie zu Ostzeiten.

Hast du noch Kontakt zu deinem Vater?

Nein. Ich hab jeglichen Kontakt abgebrochen. Mein Vater dürfte nicht erfahren, dass ich mit einer Ausländerin zusammen bin. Der würde das nie verstehen. Der denkt auch, die nehmen den Deutschen die Arbeitsplätze weg. Der begreift auch nichts. Er denkt, alle Leute müssen so leben wie er. Er geht jeden Tag arbeiten, macht nie Urlaub, spart an allen Ecken und Kanten. Man muss viel Geld haben, ein Haus, ein Auto, drei Kinder großgezogen haben, dann ist man ein Mensch für ihn. Der Rest ist für ihn Dreck. Er versteht nicht, dass es Arbeitslose gibt, dass man keine Arbeit finden kann. Für ihn sind das Asis, die nicht arbeiten wollen. Deswegen gab es auch Stress mit meinem Vater, als ich nach der Wende gekündigt wurde. Obwohl ganz klar in der Kündigung stand: „Da kein Meister für die Lehrausbildung vorhanden ist, müssen wir Ihrem Sohn kündigen." Für ihn gibt es so was nicht, weil er es eben nicht kennt. Ich hab es ihm tausendmal vorgelesen, aber er hat gesagt: „Haste nicht richtig gearbeitet?" Er wollte es nicht verstehen.

Was ist an deinen neuen Freunden hier im Asylbewerberheim anders als bei deinen früheren Freunden?

Bei meinem früheren Kumpelkreis hat jeder nur an sich selber gedacht, nur jeder das gemacht, was ihm gefallen hat. Die hier sind anders. Wenn einer Probleme hat, dann hilft jeder jedem. Die sind gastfreundlich, man kann zu jeder Zeit vorbeikommen, die hören zu und sagen nicht wie früher: „Ach komm, gehen wir einen saufen!" Das hat ja auch keine Probleme gelöst. Die hören sich das an und sagen: „Pass auf, Mike, mach das und das, das wird das Beste sein." Ich fühl mich hier wohler, als wenn ich auf die Straße gehe oder in eine Kneipe und mich dämlich quatsche. Hab hier eigentlich alles, was ich so brauche.

Markus

Markus, du warst schon von 1985 bis 1989 als Student in Rostock, bevor du zwei Jahre wieder in Äthiopien warst. Haben sich die Menschen in den letzten Jahren verändert?

Ja, damals gab es keine Angriffe und die Menschen waren freundlich. Heute sehen die Menschen voller Hass auf die Ausländer. Die Leute sprechen ganz böse und zeigen mit dem Finger auf uns. Auf der Straße beleidigen sie uns laut. Nicht alle sind so. Es gibt einige Leute, die denken gut. Aber man merkt einen großen Unterschied, wenn man in den Ostteil Berlins geht oder in den Westteil. Im Westteil sind die Leute ganz nett. Wenn wir einkaufen, sagen sie: „Guten Tag! Was wünschen Sie?" und so, im Ostteil sagen sie nichts. Die denken, alle Ausländer sind Diebe.

Hast du Angst?

Ja. In manchen Gebieten. Am Abend fahre ich nicht nach Ostberlin.

In Rangsdorf gibt es auch Rechte?

Ja. Augenblicklich haben wir mit denen eine ganz gute Verbindung. Ich hab mit den Leuten schon getrunken, bin mit ihnen weggegangen. Es war am Anfang schwer für mich, mit denen zu reden. Mike war auch rechts orientiert und hatte Hass auf Ausländer gehabt. Er war obdachlos. Als die Ausländer als Vertragsarbeiter hierherkamen, hat er den Heimleiter gefragt, warum er keine Wohnung bekommt, nur die Ausländer. Dann hat der Heimleiter gesagt: „Du kannst hier wohnen." Als im Oktober 1991 die Asylbewerber kamen, hat Mike Schwierigkeiten gemacht. Er hat sich mit den Afrikanern geschlagen. Hat Probleme mit der Polizei gehabt. Eines Abends hat es gegen Mitternacht bei uns am Fenster geklopft. Als ich die Gardine aufmachte, sah ich Mike. Er wollte eine Zigarette. Ich hab ihm eine gegeben. Er hat sie geraucht und wir haben gesprochen. Dann habe ich ihn zu einem Bier eingeladen. Er hat mich gefragt, was ich hier mache. Ich hab versucht, ihm mein Problem zu erklären, warum ich hier bin. Dann hat er gesagt: „Viele Ausländer kommen hierher, die klauen, die nehmen uns die Frauen weg, die machen nur Probleme, sind kriminell.“ Ich habe zugehört. Am nächsten Tag hat er wieder nach Zigaretten gefragt. Eine Zeit lang hat er nur mit mir geredet, mit niemandem sonst. Er hatte Angst.

In dieser Zeit haben sich meine Freunde überhaupt nicht über meinen Kontakt zu Mike gefreut. Sie haben gesagt: „Warum gibst du dich mit ihm ab? Der ist genauso ein Skin wie die anderen, eines Tages bringt er dich um.“ Aber es kam ganz anders. Eines Sonntags kam er zu mir und sagte: „Komm zu mir. Ich muss kurz weg, Freunde holen, und komm dann wieder.“ Ich ging zu seiner Wohnung und nach 15 Minuten kam er mit sechs Leuten, alles Glatzköpfe mit Bomberjacken und Stiefel. Ich hatte Angst. Dann stellte mich Mike vor: „Das ist Markus, der ist ein guter Ausländer. Der ist genau wie ich.“ Ich habe mir überlegt, wie ich mit den Leuten in Kontakt komme. Ich bin in den Biergarten und habe zehn Bier geholt. Sie haben sich gefreut und haben langsam mit mir gesprochen und gefragt, weshalb ich hier bin. Ich habe alles erklärt. Sie meinten dann: „Du bist ein guter Ausländer. Du kannst hier in Deutschland bleiben, aber die anderen Ausländer müssen weg.“ Ich habe nichts dazu gesagt und mir gedacht, wenn sie auch mit anderen Ausländern reden, wird es vielleicht besser.

Bevor wir uns kennenlernten, hatte Mike auch Hass gehabt. Dann hat er gesagt, die aus Äthiopien können bleiben, die anderen müssen weg. Dann hat er sich mit unserem Nachbarn befreundet. Der kommt aus Bulgarien. Andere Freunde kommen aus Nigeria und Ghana, andere aus Albanien. Nun glaubt er, dass die Ausländer gleichberechtigt sind. Er hat viele Erfahrungen gemacht. Jetzt will er eine Afrikanerin heiraten. Er ist verliebt. Gerade hat mich der Pfarrer angerufen, er hat Angst, die Skins könnten die beiden angreifen, wenn sie sich auf der Straße zeigen. Aber ich akzeptiere das nicht. Die Menschen sollen sehen, was sie machen. Die Bevölkerung muss das akzeptieren lernen.

Redskins in Springerstiefeln | © Ostkreutz Fotografen

„Ich wollte nie 'ne Barbiepuppe werden."

Xenia (20), Frankfurter Skinhead; ihre Eltern kamen als „Gastarbeiter" aus Jugoslawien nach Deutschland

Wie bist du denn zu den Skinheads gekommen?

Meine erste und eigentlich prägende Begegnung mit Skins war, da war ich noch mehr so 'ne Larve – Pseudo-Schmuddelkinder-Punk –, am Abend unserer 10.-Klasse-Abschlussfeier im JUZ Höchst. Als Mitglied des Organisationskomitees war ich schon am Nachmittag dort, wo uns der Sozi vom JUZ die unangenehme Nachricht mitteilte, dass Fascho-Stress aus der nahegelegenen Nazi-Kneipe zu erwarten war. Jedenfalls gab es eine Protestdemo gegen diese Kneipe, und in dem Demo-Zug, alle riefen „Nazis raus!" usw., war auch ein Häuflein von etwa fünf Skins unterwegs, die eine rote Fahne schwenkten. Ich hielt das erstmal für Verarschung, weil ich damals auch noch in dem festen Glauben war, dass alle Skins Faschos sind. Ein paar Monate später hab ich dann gemerkt, dass das eben nicht so ist. Dann hab ich mir auch irgendwann die Haare geschnitten, hab erst mal recht doof ausgesehen und war so knapp 17.

Wieso haben dich Skins fasziniert?

Ich war schließlich 16, da fasziniert einen ja alles, was Erwachsene scheiße finden. Zu der Zeit erzählten mir meine Eltern noch, was ich anzuziehen, oder eigentlich eher, was ich nicht anzuziehen hatte. Und ich durfte mir die Haare nicht so kurz schneiden, wie ich das schon immer wollte eigentlich. Ich hab schon immer 'ne Abneigung dagegen gehabt, mich in so 'ne Mädchenrolle einzufinden.

War der Einstieg für dich einfach?

Nee, kann man nicht sagen. Zum einen war mein Freund kein Skin und noch dazu ein ziemlicher Löffel, und dann ist man am Anfang eben immer erst mal der Depp, der von nichts 'ne Ahnung hat. Also leicht gemacht hat man's mir nicht, aber mit der Zeit hab ich mich da reingefunden.

Die Skins, die du am Anfang kennengelernt hast, waren keine Rechten?

Nein. Der Allererste, den ich kennenlernte, war ein Redskin. Da war ich erst mal völlig angenehm überrascht, dass es so was gibt, zumal ich damals durch Schülerzeitung und so eh schon mit diesem Spektrum sympathisiert habe. Ich hab mich damals nicht als „links" in dem Sinne empfunden, es war eigentlich mehr so 'ne Antipathie gegen rechts. Wir hatten auf unserer Schule viele Typen, die waren so unglaublich saublöd konservativ drauf, und das in dem Alter. Für die war ich immer schon die „rote Zecke", weil es zwischen denen und Leuten wie mir, die auch mal das Maul gegen Lehrer aufgemacht haben, nicht viel gab.

Beschreib doch mal, was dieses Skinhead-Sein für dich ausgedrückt hat.

Ich glaube, es war erst mal 'ne optische Sache. Das sind ja so die Sachen, die einen als pubertierenden Jugendlichen interessieren: Wie sieht man aus? Was macht einen aus? Ich kann nicht sagen, dass es Mitläuferei war; es hat ja auch irgendwann Scherereien gegeben zwischen mir und meinem Freund, weil er eben anders drauf war. Jedenfalls kam er so an von wegen „Lass dir die Haare wachsen" und so 'n Dreck, den ich nie von ihm verlangt habe. Stand aber für mich nie zur Diskussion, 'ne Barbiepuppe zu werden. Irgendwann hat er dann klipp und klar gesagt: „Ich will nicht mehr, dass du mit den Skins rumhängst, das sind doch alles Asseln ..."

Wieso war es damals so ein Problem für deinen Freund?

Weil er nicht der Allerhellste war, schätze ich mal. Der ist auch nicht gut angekommen bei den Skins, aber nicht, weil er kein Skin war, sondern weil er 'n Löffel war.

Was habt ihr in der Clique so gemacht?

Das war keine Clique in dem Sinne. Ich hab mich so zwei- bis dreimal die Woche mit zwei oder drei oder auch mal zehn Leuten getroffen, meist in der *Batschkapp*. Dann gab's je nach Saison mal Scooterruns oder Konzerte. Außerdem war ich mal mit einem im

Museum. Was haben wir so gemacht? Trinken, reden, der Rest ergibt sich ja von selbst. Dann gibt's mal Streit mit besoffenem Kopp, und die Polizei schaut auch mal vorbei ...

Wie viele Frauen und Mädchen waren dabei?

Heute sind's vielleicht fünf oder so, damals wohl noch weniger. Auf jeden Fall viel weniger als Typen. Die Skin-Szene ist 'ne Männerwelt wie die ganze übrige Welt eben auch. Ich hab's damals als Herausforderung betrachtet. Das seh ich heute auch noch so. Man muss sich den ganzen Sachen, sexistischen Sprüchen und so, einfach stellen. Meine Lösung kann es nicht sein, mich wegen so was in 'ne Frauenwelt zurückzuziehen, das wäre überhaupt nicht mein Ding.

Warum gibt es so wenige Frauen in der Skin-Szene?

Zu allererst liegt es mal an den Frauen selbst. Ich sag nicht, das ist die persönliche Schuld der Frauen, aber es liegt an der Art, wie Frauen erzogen und gedrillt sind auf ihre Rolle. Die meisten Mädels sind, egal in welcher Szene sie unterwegs sind, die Anhängsel, Groupies, Fickhennen, die „Freundin von ...". Das ist überall so, und das gibt's auch bei den Skins. Ich hab mich nie verpflichtet gefühlt, das auch so zu machen. Die meisten Frauen haben nicht das Selbstbewusstsein, ihr eigenes Ding zu machen. Ich rede jetzt weniger von Skin-Frauen. Was ich da in der Scooter-Szene schon für Weiber gesehen habe ... Puppen zum Aufblasen wären leichter auf dem Roller zu transportieren gewesen.

Gibt es eine geschlechtsspezifische Herangehensweise an Gewalt?

Auf jeden Fall. Außer einer Aktion in Potsdam, wo eine Fascho-Frau nach Hause geschickt wurde, habe ich von Frauen in der Richtung noch nichts erlebt. Klar muss man immer darauf vorbereitet sein, sich zu verteidigen. Entweder legst du dir als Frau 'nen großen dicken Freund zu, den du immer dabeihast, oder 'nen großen dicken Hund oder 'ne Knarre – Aufrüsten ist ja derzeit sehr angesagt – oder du schaust halt selbst, was du machen kannst. Ich bin jetzt in einen Frauen-Taekwondo-Verein eingetreten. Da werden auch manchmal alltagstaugliche Sachen angetestet. Immer in die Eier, immer in die Eier ...

Verteidigen gegen wen?

Gegen Faschos, gegen Vergewaltiger, eben gegen Gesocks, das einem nach dem Leben trachtet. Ich hatte wirklich Glück bis jetzt. Aber ich kenne viele andere Leute, denen 'ne Menge Scheiße passiert ist. Wenn ich angegriffen werde, dann möchte ich meine Haut so teuer wie möglich verkaufen. Man hat als Frau sowieso oft dieses Gefühl der Ohnmacht, und das möchte ich halt so niedrig halten wie möglich.

Gibt es Gewalt unter den Frauen in der Skin-Szene?

Kann schon sein, dass das bei den Rechten so ist. Ich hab noch nichts dergleichen erlebt. Einmal wollte mich 'ne Frau aufklatschen, weil ich angeblich mit ihrem Typen geflirtet hätte, aber das war keine Skin-Frau, eher Marke Friseuse. Die kleinen Kämpfe werden nicht mit den Fäusten ausgetragen, sondern mit Worten, mit Verleumdungen, mit Tratsch. Ich wäre auch nicht lange Skin gewesen, wenn das anders wäre.

Habt ihr mehr Stress mit türkischen und anderen Gangs als mit Faschos?

Ja, auf jeden Fall. Täglich nicht gerade, aber dumm angewichst werden, „Scheiß Nazi" – einfach, dass dir das nachgerufen wird, auch wenn die sich nicht trauen, was zu machen. Das stört dich, du bist kein Nazi. Keiner von uns pöbelt irgendeinen Türken sinnlos an. Da wünschte ich mir mehr Kontakt, mehr Verständnis, mehr Kommunikation. Damit man nicht mehr gegenseitig Angst voreinander haben muss. Man könnte wirklich einfach in Frieden miteinander leben. Was hab ich denn davon, wenn mir irgendwelche Türken aus so 'nem Missverständnis heraus die Fresse zerschneiden und dann nachher sagen: „Oh Entschuldigung, haben wir nicht gewusst."

1984, DDR, Breakdancer | © Picture Alliance

„Ende der 80er Jahre gab es in Magdeburg bereits 28 Breakdance-Crews.“

Interview mit **Noise** (20), Graffiti-Künstler

Wie bist du zur Hip-Hop-Szene gekommen?

Mit 13 hat mich das Hip-Hop-Fieber gepackt. Infiziert wurde ich durch den Film *Beat Street*. Aber auch die Filme *Wild Style* und *Style Wars* haben mich stark beeinflusst. Mit dem Breakdance ging es im Osten 1983 los, in Magdeburg so ab 1987. Ende der 80er Jahre gab es in Magdeburg bereits 28 Breakdance-Crews. Breakdance, das war etwas Besonderes, mit dem man sich von der Masse abheben und in der Disko zeigen konnte, was man so drauf hat. Ich weiß von alten Leuten, die sind heute so um die 24, dass sie im Stadtteil Reform auf offener Straße Breakdance gemacht haben. Da kamen dann Leute an, wahrscheinlich von der Stasi, die haben gesagt, sie sollen damit aufhören, das sei ein imperialistischer Tanz, es gäbe andere Sachen, mit denen sie sich beschäftigen könnten. Die Breakdancer haben sich aber nicht abhalten lassen, haben sich in der Stadt Pappen hingelegt und wollten voll die New Yorker Ghettokids nachahmen. Ich war damals noch zu jung, um selbst mitzumachen, aber ich habe sie überall tanzen sehen. Nach der Wende war Breakdance in Magdeburg dann nicht mehr so gefragt. Viele Breakdancer sind dann in die rechte Szene abgesprungen.

Wie sah es zu DDR-Zeiten mit der Sprüher-Szene aus?

Da lief überhaupt nichts, weil es Schwierigkeiten gab, an die Dosen heranzukommen. Wenn die Leute mal so was Graffitimäßiges machten, dann mit Pinsel oder auf Papier. In Dresden gab es ganz vorsichtige Anfänge. Sie haben mit aus der Tschechei importierten Sprühdosen erste Versuche gemacht. Damals gehörte man schon zur Szene, wenn man eine Kapuze an der Jacke hatte. Kapuzenpullover war Hip-Hop. Zu Ostzeiten war alles viel einfacher als jetzt.

Wie war dein Einstieg in die Szene?

Ab der siebten Klasse hab ich gesagt: Ich bin ein Hip-Hopper. Über Jahre hab ich mich damit beschäftigt und alles, was ich kriegen konnte, gesammelt, gelesen, im Fernsehen gesehen, habe mir alles erklären lassen. Aber es gab immer noch keine richtige Hip-Hop-

Szene in Magdeburg. Dann habe ich in Olvenstedt und im Stadtteil Reform ein paar alte Hip-Hopper kennengelernt.

Ein Kumpel von mir hat unwahrscheinlich viel Talent beim Zeichnen, der hat mir Einiges gezeigt. An dem habe ich mich zunächst orientiert. Dann habe ich angefangen, selbst viel zu zeichnen, zunächst nur auf Papier. Graffiti ist ja nicht nur Beherrschung der Sprühdose, sondern man muss alles können, Schattierungen usw. Mit dem Sprühen habe ich dann gleich nach der Wende in Hamburg angefangen. Hamburg war ein Erlebnis. Alles war voller Graffiti. Mein Cousin hat schon längere Zeit da gesprüht, der ist mit mir rumgefahren, hat mir die Bilder gezeigt und ein paar Begriffe erklärt, die Schriftzüge, die Tags. Die Tags sind ja das, was die ganzen Leute aufregt, aber mit den Tags fängt jeder an.

Anschließend habe ich mich mit meinem Kumpel mit Sprühdosen eingedeckt und wir haben ein Graffiti gemacht, das hieß „Enter The Rap Zone". Es hat fast ausnahmslos positive Reaktionen hervorgerufen. Mehrere Zeitungen haben darüber berichtet, denn es war das erste richtige Graffito in Magdeburg. Auf einen Schlag hatte ich wahnsinnig viel Fame, war also berühmt. Daraufhin hab ich mir gesagt, das muss ich halten, ich muss mich verbessern. Wir sind dann viel rumgefahren, haben in Braunschweig Sprüher kennengelernt, inzwischen kennen wir Leute aus ganz Deutschland, aus Frankreich. Ein großer Teil meines Freundeskreises besteht aus Sprühern.

Und die Graffiti-Szene in Sachsen-Anhalt?

Die Szene in Dessau ist ganz, ganz stark. Da gab es schon eine Sprüher-Szene, da war in Magdeburg noch tote Hose. Die haben schon zu DDR-Zeiten gezeichnet, und gleich nach der Wende ging es richtig los. Die machen vor allem die Bahnlinien voll. Das ist in jeder Stadt wichtig. An den Lines beweisen sich die Sprüher. Die Bahnlinien und Züge werden ja nachts besprüht; man hat dann nicht viel Zeit, muss aufpassen, dass man nicht erwischt wird. Wenn die Graffiti dort hochwertig sind, weiß man, es gibt eine gute Szene.

Gibt es Nachwuchs?

In Magdeburg wächst die Szene enorm und wird unüberschaubar. Früher war das wie eine Familie, ich kannte alle Leute. Vielen Anfängern greife ich unter die Arme und zeige ihnen etwas. Aber es gibt einige, die wollen alles gezeigt bekommen und sind böse, wenn man das nicht macht. Sie verstehen nicht, dass man sich selber Dinge erarbeiten muss, um einen eigenen Stil zu entwickeln. Wenn ich ihnen alles zeige, werden sie irgendwann meine Graffiti sprühen, weil sie meinen Stil übernommen haben. Leute, die nicht an sich selber arbeiten, von denen halte ich nicht so viel.

Gibt es viel Stress mit der Polizei?

S-Bahnen oder Züge sind eine Herausforderung. Es ist das Höchste für einen Sprüher, wenn er einen Zug macht, das bringt am meisten Fame. Mein Freund, der selbst nichts Illegales macht, der hat sich neulich so einen Zug angeguckt, da hat ihn die Polizei gleich verhaftet. Er musste jedes Wochenende zu Verhören. Bislang halten sich die Verurteilungen wegen Sachbeschädigung noch in Grenzen. Bei Zügen lässt sich auch niemand erwischen. Ich wurde auch schon mit der Polizei konfrontiert. Es reicht ja inzwischen, wenn man mit Sprühdosen durch die Stadt läuft. In Hannover ist ein Kumpel von mir festgenommen und durchsucht worden, nur weil er ein Basecap trug, eine Kutte und einen Rucksack, wo es geklimpert hat. Die haben Farbproben genommen und zur Analyse an das Bundeskriminalamt geschickt. Das ist ganz schön hart. Ich hasse die Leute, die frisch gestrichene Häuser besprühen. Das führt dann dazu, dass die Polizei so scharf vorgeht. Es gibt Sachen, wo ich auch sage: Das ist Scheiße.

Wie ist das Verhältnis der Szene zu Politik?

Die Hip-Hop-Szene ist im Allgemeinen links orientiert. Wir sind natürlich total gegen Rassismus. Allerdings stört mich, dass die Szene in Magdeburg zunehmend unpolitischer wird. Sie ist zwar gegen Nazis, unternimmt aber nichts gegen sie. Sie macht auch keine politischen Graffiti, was ich gerne mal sehen würde. Die Berliner sind da viel engagierter. In Magdeburg werden viele Phrasen gedroschen, aber in so einer Szene gehört viel mehr dazu. Es gibt Einiges, was mir in der Hip-Hop-Szene inzwischen nicht mehr gefällt. Jeder tut absolut cool, das ist absolut in. Viele zwischenmenschliche Probleme werden dadurch gar nicht mehr untereinander besprochen. Alles dreht sich nur noch um Graffiti, Pieces und Musik. Die richtigen Freunde finde ich nicht in der Hip-Hop-Szene, sondern andernorts.

Die Hip-Hop-Szene ist auch eine Macho-Szene, oder?

Ja. Mädchen haben im Allgemeinen wenig zu sagen. Es sprühen wahrscheinlich deshalb so wenig Mädchen, weil Sprühen eine harte Sache ist und Mädchen auch nicht so viel Fame bekommen. Wenn ein Mädchen sprühen geht, dann wird ein anderes Mädchen selten sagen, das hast du gut gemacht. Ein Mädchen bekommt nicht so viel Anerkennung. Bei Jungs ist das anders. Vereinzelt sprühen Mädchen, aber sie werden eher belächelt. Mädchen sind doch die Mitbringsel, eben etwas Schönes zum Vorzeigen. Bei den Gangster-Rappern werden die Frauen ja auch als Bitches, als Nutten bezeichnet.

Spielt Gewalt eine Rolle in der Szene?

Anders als in Berlin spielt Gewalt in der Magdeburger Hip-Hop-Szene keine Rolle. Es kommt auch nicht vor, dass sich die Sprüher untereinander die Dosen klauen. Es gibt zwar welche, die auf harte Männer machen, aber das hält sich in Grenzen. Auseinandersetzungen gab es kurz nach der Wende mit den Hooligans, hin und wieder auch mit Skinheads. Es ist aber nicht mehr so schlimm wie früher. Gewaltbereitschaft ist zwar immer noch da, aber es gibt glücklicherweise nicht mehr so viele harte Skinheads. Der Höhepunkt war so '92. Viele Freunde von mir wurden zusammengetreten, aber die Polizei hat nie etwas gemacht. Zur Stelle war sie immer nur dann, wenn ein paar Linke durch die Stadt gezogen sind.

1991, Siewisch bei Cottbus, „Gautreffen Brandenburg" der „Deutschen Alternative" (DA).
Militanter Neonazi in Tarnuniform zeigt den verbotenen „Hitlergruß" | © D. Gust

„Im Sozialismus hast du Sicherheit und Geborgenheit gehabt, in der Schule, überall."

Interview mit **Jens** (23), Bier-Liebhaber

Warum bist du ein Rechter geworden?

Weil mich die Ungleichheit der Geldverhältnisse stört. Wenn ich die Bonzen da oben sehe, und dann die ganzen Arbeitslosen ... Guck dir mal die Alten hier an, die haben vierzig Jahre gearbeitet, und was bekommen sie als Rente? Nein, die Wende fand ich überhaupt nicht gut. Im Kapitalismus ist sich jeder selbst der Nächste. Der Sozialismus ist zwar nichts Rechtes, aber ich hätte trotzdem mit ihm leben können, vielleicht besser leben können. Da hast du immer Sicherheit und Geborgenheit gehabt, in der Schule, überall. Deshalb würde ich die PDS trotz der linken Inhalte wählen, allerdings erst, wenn die ganzen Altschulden der SED weg sind. Aber eigentlich glaube ich nicht daran, dass Parteien, egal welche, hier irgendetwas bessern können. Um wirklich etwas zu verändern, müssten erst einmal alle Ausländer raus, dann würde es langsam wieder aufwärts gehen mit dem Land. Schau dich doch einmal um: Jeder, der von auswärts kommt, kriegt eine Wohnung, und unsereins muss auf der Straße sitzen oder er bekommt so eine Lumpenwohnung. Die rechte Einstellung hatte ich schon zu DDR-Zeiten. Da wurde ich in der Schule erwischt, wie ich ein Hakenkreuz auf den Tisch gemalt habe. Aber das war noch so eine Kinderideologie. Ich habe einen Tadel gekriegt.

Und wie ist es dir nach der Wende ergangen?

Ich hatte gerade meine Lehre als Bauschlosser beendet und war Jungfacharbeiter. Im Januar 1990 wollte ich wie alle das große Glück im Westen suchen. Ich bin nach Schwandorf gefahren und habe mich als Übersiedler gemeldet. Arbeitsmäßig war allerdings nichts zu machen, also bin ich wieder zurück nach Magdeburg zu meinem Großvater. Mein Opa ist alter Reichsbahner und im Vorruhestand. Ein besseres Leben als bei meinen Großeltern kann ich mir nicht vorstellen. Sie waren meine eigentlichen Eltern. Meinen Vater kenne ich überhaupt nicht, ein Foto habe ich einmal von ihm gesehen. Er musste meine Mutter mit 18 heiraten, weil sie mit mir schwanger war. Meine Mutter habe ich zu meinem 18. Geburtstag das letzte Mal gesehen. Ich will sie auch nicht mehr sehen, denn sie hat mich 23 Jahre lang vernachlässigt. Meinen Bruder hat sie auch mit 18 aus der Wohnung geworfen. Auf Deutsch: Sie ist ein riesengroßes Dreckschwein.

Als ich 1990 nach Magdeburg zurückkam, fing das mit dem Saufen an. Um zehn Uhr morgens ging's in die Kneipe, bis zum Mittagessen wurde getrunken mit Freunden, die auch arbeitslos waren. Nachmittags ging's dann so weiter bis in den Abend. Da bin ich leicht auf meine 20 Bier gekommen. Zwei Jahre ging das so. Leider sucht man immer im Alkohol die Rettung; das ist zwar falsch, aber das weiß man immer erst hinterher.

Mitte '92, nach meiner Armeezeit, habe ich meine Freundin kennengelernt, mit der ich zwei Jahre zusammen war. Wir waren jeden Tag zusammen, meistens bis acht, neun Uhr abends bei mir oben, dann sind wir noch eine Stunde in den Jugendklub gegangen, anschließend habe ich sie nach Hause gebracht. Sie hat höllisch aufgepasst, dass ich nicht zu viel trinke. Wenn ich wieder mal besoffen war, hat sie die nächsten Tage jedes Bierchen mitgezählt. Ich fand das gut, dass mich meine Freundin zurückgehalten hat. Ich brauche eigentlich immer jemanden, der auf mich aufpasst.

Vor ein paar Monaten kam sie auf den Trip, sie sei noch jung und müsse was erleben. Gut, ich kann das verstehen, sie ist erst 16, weh tut es aber trotzdem. Ich habe mich einsam gefühlt und wieder angefangen zu schlucken. Wenn man so viel trinkt, ist es natürlich schwer, eine Freundin zu finden. Das ist das Schlimme. Das merkt man, wenn man auf Disko fährt und schon besoffen ankommt, man kriegt den ganzen Tag nichts mit und Chancen bei den Mädchen hat man sowieso nicht.

Geprügelt habe ich mich eigentlich immer nur, wenn ich etwas getrunken hatte. Die Hemmschwelle ist dann weg, man hat sich nicht mehr unter Kontrolle und lässt sich leicht provozieren. Früher hatte ich viele Dinger wegen Fußballrandale am Laufen. Ich bin auch dafür, die Bunten aufzuklatschen. Zu Ostzeiten hieß das, wenn du mit bunten Haaren und dreckigen Klamotten rumgelaufen bist: „Schändung des sozialistischen Ansehens". Die laufen immer noch so abstoßend rum und schreien gegen Deutschland. Was haben die hier noch zu suchen? Sollen sie doch ausreisen.

In den letzten Monaten ist es in Magdeburg ruhiger geworden, weil knallhart verurteilt wurde. Da hat jeder einen Schreck bekommen. Zurzeit kann ich mir nichts mehr erlauben, weil meine Bewährung noch läuft. Das hält mich ganz schön in Zaum. Ich muss ja wegen jedem kleinen Ding Angst haben, erwischt zu werden und dann sechs Monate wegzugehen. Eigentlich bin ich ja dafür, dass die Strafen bei uns härter sein müssten. Vor allem im Hinblick auf so Sachen wie Vergewaltigung und Kindesmissbrauch, da fehlt bei uns die Todesstrafe. Auch derjenige aus unserer Clique, der den Türken in Wolmirstedt am Kanal-Imbiss mit einer Pyro in Brand geschossen hat, müsste hart bestraft werden. Nicht, dass mir das leidtut mit dem Türken, aber das war ein bisschen zu hart, das war ja schon versuchter Mord. Für das, was ich gemacht habe, bin ich dagegen zu hart bestraft worden. Für einen Einbruch und 63 Stangen Zigaretten hab ich sechs Monate auf drei Jahre Bewährung gekriegt, und für einen Hitler-Gruß durfte ich gleich 2.000 Mark bezahlen. Die Geldstrafen, die ich wegen der Fußballrandale zahlen musste, waren okay.

Hast du einen Traum?

Mein Traum ist, eine Freundin zu finden. Also nicht mehr so ein junges Mädchen, die ein gutes Zuhause hat. Wenn man dann länger zusammen ist, eine Zweiraumwohnung, dann später, wenn alles hinhaut, auch ein Kind. Also richtiges Familienleben.

Vom Ostberliner Stadtteil Treptow konnte man schon zu Zeiten der Mauer den Spruch an einer Brandmauer im Westberliner Stadtteil Kreuzberg lesen, 1990 | © Picture Alliance

„Kreuzberg ist ein Ghetto."

Interview mit **Nigül** (21), autonome Kämpferin

Deine erste Jugendclique waren Skinheads. Wie bist du dazu gekommen?

Das hat sich so ergeben, weil ich in der Schule Leute kennengelernt habe, die Skins waren und die mir so von der Mentalität her gefallen haben. Aber irgendwann waren einfach zu viele Leute dabei, die mir echt zu stumpf waren.

Rechte?

Einige sind auch abgedriftet in Richtung rechts. Aber damals hatte Skinhead sein nicht unbedingt was mit Politik zu tun. Und die Leute, die damals schon in rechten Gruppen organisiert waren, waren auch nicht beliebt. Wenn man die irgendwo getroffen hat, wurden die gleich plattgemacht. Aber nicht unbedingt mit großem politischen Anspruch, sondern weil die einfach scheiße drauf waren, auch menschlich gesehen. Es hat da angefangen, wo ein paar Schwachköpfe sich die Haare rasiert haben, um vielleicht diesen Gruppenzusammenhang zu haben, und dann anfingen, ihre faschistoiden Aktionen zu starten. Und dann hieß es in der Presse: Skinheads tun dies, Skinheads überfallen 14-jähriges Mädchen, Skinheads kippen Kinderwagen um oder so eine Scheiße. Und das zieht natürlich Leute an, die wirklich blöde sind, die so sein wollen. Die schneiden sich dann auch die Haare, und auf einmal hast du sie, die dummen rechten Skinheads. Ab dem Zeitpunkt hab ich keinen Sinn mehr darin gesehen, noch so auszusehen, wenn du dann mit diesen Leuten über einen Kamm geschert wirst. Und die Leute, mit denen ich damals zusammen war, haben sich auch nicht entsprechend verhalten. Die haben keine Stellung bezogen. Mir war klar, dass sie nichts mit Rechten zu tun haben wollten, aber sie haben nichts dagegen getan.

Was habt ihr denn damals in eurer Clique überhaupt so gemacht?

Musik gehört, Partys gefeiert. Aber dann wurden es immer mehr Leute, die mir überhaupt nicht gepasst haben, allein schon von ihrem Auftreten her. Stumpfe Prügelaktionen, wer ist der Härteste ... echt eklig. Und die Frauen waren mir auch echt alle einen Zahn zu blöd. Möglichst alle blond. Voll die Einheitsgesichter.

Wann hast du dich zum ersten Mal geprügelt?

Mit 15. Mit einer rechten Skin-Frau. Da saß ich irgendwo auf 'ner Bank, war schon ganz schön angebreitet, und dann ist die Alte langgekommen und meinte zu mir irgendwas Blödes, und da hab ich der eine gegongt. Aber die war ein bisschen größer und breiter als ich und hat mich dann in einen Stacheldrahtzaun geschmissen.

Und seitdem regelmäßig?

Nein. Ich prügel mich nicht sehr oft. Nur wenn es drauf ankommt, dann schlage ich lieber als Erste zu, als dass ich warte, bis es zu spät ist.

Dass dein Vater Boxer war, hat dich nicht beeinflusst?

Doch, auf jeden Fall. Fand ich immer klasse. Aber er war immer mehr so ein typischer Mackervater: Das Mädchen kriegt ein Kleid, guck mal, wie niedlich. Obwohl, er hat mir eigentlich immer gesagt: „Wenn dich jemand anmacht, hau lieber als Erste zu." Das hab ich von ihm.

Welche Rolle spielten denn in der Skinheadclique körperliche Auseinandersetzungen?

Eine ziemliche. In dem Augenblick, wo du in diesem Staat hier anders aussiehst, egal, ob du kurze Haare hast oder bunte, bist du vogelfrei, bist du echt allen Anmachen ausgeliefert. Irgendwelche Bürger gucken dich schief an, machen blöde Sprüche, andere Jugendliche, die dich wieder in eine Schublade stecken müssen, tun das auch, und irgendwann wirst du aggressiv dadurch. Manchmal wirst du körperlich angemacht, meistens nicht, aber irgendwann machst du da auch keine Trennung mehr. Dann reicht's, wenn irgendein blöder Bürger dich anpinkelt wie heute so eine blöde Ostpocke, einer von dem Blödvolk, diese typischen Opportunisten, die dir vor ein paar Jahren noch erklärt haben, warum die Leute an der Grenze erschossen werden müssen, und die heute bei ALDI in der Schlange stehen. Dann hakt's irgendwie aus.

Waren die Aggressionen wirklich nur Reaktion auf Anmache oder habt ihr das nicht auch provoziert – aus Lust auf Randale?

Wenn das überhandnimmt, kannst du irgendwann nicht mehr entscheiden, ob das jetzt wirklich eine Anmache war oder nur eine Andeutung, und ob du den Rest einfach nur gedacht hast und schon vorher zuschlägst. An Provokationen kann ich mich nur an eine Sache erinnern, wo zwei so aufrechte deutsche Scheitelträger in der S-Bahn saßen. Dann steigt ein Ausländer ein und die fangen an, ihn blöde anzumachen mit irgendeinem Spruch und gucken dabei so in unsere Richtung und meinen, wir Deutsche müssen ja zusammenhalten. Woraufhin die beiden dann ordentlich einen draufgekriegt haben. Aber für mich war es deshalb, weil die eben diesen Ausländer angemacht haben. Weil ich so was immer schon verabscheut habe. Ich bin ja auch nicht ganz deutsch.

Gibt es Unterschiede in den Verhaltensweisen von Typen und Frauen gegenüber Gewalt?

Gewalt habe ich bei dem Großteil der Frauen immer nur dann erlebt, wenn sie meinten, sich damit vor den Typen bestätigen zu können oder irgendein Image zu erschaffen. Und dann gezielt. Drei Wochen vorher wurde dann schon erzählt: Der Frau hau ich auf die Fresse. Und dann wurde es gemacht. Voll die Panne-Aktionen. Aber es waren immer nur wenige. Ich persönlich war damals nicht so drauf. Ich hätte zwar gerne, aber da war einfach eine Hemmschwelle. Angst. Nicht zutrauen. Eine Zuschlaghemmung.

Und heute?

Heute ist es anders dadurch, dass ich eine ganze Weile schon Taekwondo mache. Es ist jetzt nicht so, dass ich hau-drauf-mäßig meine Meinung durchkriegen will. Das ist auch nicht der Sinn des Kampfsports. Aber wenn man was für den Körper tut, entspringt dem auch ein gesunder Geist. Wenn man sich mehr zutraut, wirkt man auch anders auf Leute. Dann hat man ein anderes Auftreten. Dann wird frau auch ernster genommen. Also: Frauen, macht Kampfsport! Ich setze das persönlich nur ein, wenn ich Faschisten gegenüberstehe, dann gibt's auch nichts mehr mit Reden bei mir, dann ist zappenduster.

Was ist für dich ein Faschist?

Faschist ist für mich erst mal ein Bürger, der einen blöden Spruch reißt, sich einfach scheiße verhält. Also der kriegt mit mir Ärger, erst vielleicht noch verbal, und wenn es dann nicht mehr anders geht, dann geht es eben nicht anders. Dann Faschisten, die persönlich bekannt sind. Oder irgendein Hirni, der mit einem bekloppten Aufnäher durch die Gegend rennt. Neulich hab ich im WOM so einen Schwachmaten gesehen. Der war höchstens 15, typischer Skinhead-Look: grüne Bomberjacke, kurze Haare, rote Docs, stonewashed Jeans, also echt null Stil, und auf der Jacke so einen Aufnäher „Gelobt sei unser Vaterland" in alter deutscher Schrift mit Eisernem Kreuz. Mein Blutdruck ist gestiegen. Aber WOM ist ja ein riesiger Plattenladen und vorne stehen Aufpasser. Also hab ich im Laden nichts machen können. Ich hatte dummerweise auch kein Gas bei, sonst hätte ich ihm wahrscheinlich eine Ladung ins Gesicht gesprüht mit einem entsprechenden Spruch und wäre raus. Aber ich konnte den Typen da drin nicht zusammenschlagen. Das war eine Situation, da konnte ich nichts machen. Ich hatte auch nicht mehr die Motivation, draußen zu warten. Aber ansonsten, in der U-Bahn, kommt auf jeden Fall ein Spruch oder ich guck ihn halt an; er merkt dann schon, was los ist. Entweder springt er drauf an oder er springt nicht drauf an. Macht er es nicht, kommt's auf meine jeweilige Stimmungslage an, ob ich nachbohre oder nicht. Ganz aufhören tut's echt immer da, wo von den Leuten was Dummes kommt. Dann kommt was Gewalttätiges von mir zurück. Also ich bin nicht mehr so drauf, dass ich noch Lust hätte, mit den Leuten zu reden. Wer mich fragt, kriegt eine Antwort, wer einfach blöd ist, kriegt eins auf die Fresse.

Nun gibt es ja in letzter Zeit Hunderte von Kids allein hier in der Stadt, die mit rechten Aufnähern herumlaufen, aber gar nicht wissen, was sie da tragen ...

In dem Augenblick, in dem sie eine auf die Mütze kriegen, wissen sie dann, was sie tragen. Darum geht's mir auch. Die Leute in ihre Schranken zu weisen, ihnen zu zeigen, wer bist du. Sicherlich weiß ich, dass einige von denen sich selbst nicht als Faschisten bezeichnen würden, obwohl sie faschistoides Gedankengut haben. „Was? Ich bin doch kein Nazi!" Das hab ich schon öfter gehört. Aber dann muss man sie eben darauf hinweisen. Entweder denken sie dann nach oder sie sagen eben: Okay, jetzt bin ich Faschist. Also ich hab keine Lust mehr auf irgendwelche Sozialarbeiterstrategien nach dem Motto: „Lass uns mal reden, vielleicht verstehst du mich ja." Nein danke, nicht mehr.

Wie ordnest du Hooligans ein?

Das sind für mich Leute, deren Lebensinhalt darin besteht: Fußball gucken, Bier trinken, rumbrüllen, blöde Sprüche reißen, prügeln. Das ist für mich auch schon faschistoid.

Wenn das „faschistoid" ist, dann gibt es davon auch eine ganze Menge in deiner eigenen autonomen Szene ...

Gut, lassen wir das Wort faschistoid fallen, sagen wir, es ist einfach stumpf. Ich mag Leute nicht, die keinen anderen Lebensinhalt haben als so was. Als St. Pauli in Berlin gespielt hat, bin ich abends noch U-Bahn gefahren und hab mich echt erschrocken, weil ich oben auf dem U-Bahnhof irgendwelche Brüllereien gehört habe, dieses „Oléolé" und so, und dachte schon, jetzt kommen die Faschos, dreh mich um und da laufen drei besoffene Punks mit Bierdosen und freuen sich: Ha, heute haben wir die Rechten ja wieder fertiggemacht. Davon gibt es leider viele in dieser tollen linken, kämpfenden Szene, dass mir echt regelmäßig schlecht wird. Die Leute, die ihre Pflichtveranstaltung brauchen, um dann hinterher in der Kneipe zu sitzen, sich wie jeden Abend zulaufen zu lassen und sich auf die Schulter zu klopfen: Wie revolutionär waren wir denn heute wieder. Ekelhaft.

Aber andererseits gibt es auch eine völlige Arroganz derjenigen, die sich als politisch begreifen, gegenüber anderen, die sie als unpolitisch ansehen, oft einfach nur, weil die jünger und spontaner sind und nicht Marx, Engels, Lenin, Stalin gelesen haben. Gerade von den Kids kommen viel spontanere und geilere Sachen als von diesen vergreisten Politniks. Da gibt es ein besetztes Haus, in dem die seit Jahren einen Typen dulden, der ist körperlich behindert, aber das ist ja kein Grund, so scheiße zu sein, der streitet sich mit einem Araber und irgendwann kommt der Spruch: „Wenn es nach mir ginge, würde ich sowieso alle Araber an die Wand stellen und abknallen." Dann hat er irgendwann eine Frau als „Fotze" beschimpft. Und so weiter. Und das wird alles geduldet, weil der Typ ansonsten gute Argumente und viel angeeignetes Wissen hat. Und diese Politniks diskutieren jeden Abend über Rassismus, aber wenn der Rassismus dann wirklich nebenan am Tisch sitzt, dann sind sie handlungsunfähig. Was sich an blödem Gedankengut in besetzten Häusern herumtreibt ... Ein Großteil der Szene ist so selbstgefällig und selbstgenügend, so widerlich kleinbürgerlich-spießig, dass mir echt die Haare zu Berge stehen manchmal.

Alles, was so als Spießbürgertum verabscheut wird, wird in der Szene hundert- und tausendfach praktiziert. So Leute, die aus gutbürgerlichen Elternhäusern in Wessiland kommen, sich hier reinsetzen, nichts über die Verhältnisse in Berlin wissen, und dann ihre Kleinstadtphilosophie hier einbringen wollen. Oder die Leute, die irgendwann in etablierte Positionen kommen und sich dann über das, was sich jetzt auf der Straße tut, das Maul zerreißen, weil sie zu alt und zu blöde sind, selbst noch auf die Straße zu gehen. Diese Ausgrenzung auch untereinander findest du hier immer mehr. Gegen Leute wie mich, die vielleicht manchmal nicht hundertprozentig „politisch korrekt" handeln, weil wir einfach spontan sind. Und mit Gewalt kommen sie oft überhaupt nicht klar. Es gibt Leute, die trauen sich nicht. Das ist ja nicht schlimm. Mut kann man lernen. Aber es gibt auch die Leute, die gleich mit irgendwelchen Scheinargumenten alles niederwiegeln wollen. Meist ist es einfach nur Legitimation, um nichts zu tun, um nicht nachdenken zu müssen, um ruhig zu sein. Leider gehört der Großteil der Menschen zu den Faulen und Bequemen. Und genau das findest du auch in der Szene. Leute, die immer nach einer Legitimation suchen, um nicht zu handeln. Es ist ziemlich hart, wenn du radikal denkst, damit zu leben. Du stößt überall auf Widerstände. Du verlierst Freunde, du verlierst Leute, die du magst, oder kommst gar nicht erst an sie ran. Du hast einfach einen sehr unbequemen Lebensweg, weil du überall aneckst. Und das umgehen viele Leute ganz geschickt, indem sie sich an irgendwelchen Dogmen festhalten, immer nur irgendwelche Marxe, Engels, Lenins zitieren. Die haben nicht den Charakter, echt zu sein und das konsequent durchzukämpfen. Stattdessen wird dann eben was getan gegen die Leute, die anders sind, gegen die Außenseiter, die radikalen Randgruppenmitglieder, die „Unpolitischen".

Wie ist denn der Umgang zwischen Männern und Frauen in der Szene? Gibt es Sexismus?

Sicher gibt es Sexismus in der Szene. Diese Szene-Typen, die meinen, sie sind in dem Augenblick, wo sie links sind, gefeit vor Mackeranwandlungen. Es macht sich immer gut, wenn auf Flugblättern „Gegen Rassismus, Faschismus und Sexismus" steht. Aber es gibt echt selten Leute, die das wirklich ausleben. Weil sie oft gar nicht wissen, wo das anfängt. Und weil oft auch nicht die Frauen da sind, die sagen, jetzt reicht's. Ich finde zwar nicht, dass die Frauen dafür da sein müssen, ständig die Typen mit der Nase auf irgendwas zu stoßen. Aber wenigstens dann musst du dich verteidigen, wenn es dich anmacht. Und selbst dann kriegen sie oft ihren Mund nicht auf.

Gesamtgesellschaftlich ist ja wieder das passive Weibchen gefragt, das vom Herrn erobert wird. Welches Frauenbild herrscht in der Szene?

Das gleiche klassische Ritual. Frauen klimpern mit den Wimpern, reizen mit ihren Reizen, Typen machen einen auf stark und hart. Wenn diskutiert wird und du nicht gleich auf den Tisch haust: „Lass mich ausreden!", wirst du als Frau immer noch gerne überhört. Deshalb haben auch viele Frauen keinen Bock mehr auf gemischte Zusammenhänge. Das versteh ich einerseits, andererseits finde ich, das muss durchgekämpft werden. Aber der Großteil, gerade bei den Jüngeren, geht immer mehr zurück zum Weibchenklischee: nett und niedlich.

Hast du ein persönliches Lebensziel? Wie willst du zum Beispiel dein Geld verdienen?

Vielleicht, indem ich im Osten ein Café oder ein Bistro aufmache, mit dem ich den Ostlern das Geld aus der Tasche ziehen kann. Also solchen Leuten, die gerne viel dafür bezahlen, dass sie eigentlich nichts erhalten.

Warum nicht in Kreuzberg?

Nein, bist du irre! Da gibt es schon genug Schickimicki-Läden, wo die Leute ihre Spaghetti à la Joseph für 20 Mark essen. Also so Läden, die nur einer bestimmten Gruppe von Leuten vorbehalten sind, die im Kiez eigentlich nicht präsent ist. In Charlottenburg sind ja genug Schickis, da sollen die auch ruhig ihre Cafés haben. Aber nicht in Kreuzberg, aus so einem Zooverhalten heraus für Leute, die es furchtbar aufregend finden, im Ghetto ihren Sekt zu schlürfen. Oder irgendwelche Arschlöcher, die sich für 1.500 Mark Etagenwohnungen leisten über den Dächern von Kreuzberg, wo andere Leute keine Wohnungen kriegen, weil sie die Miete nicht aufbringen können.

Was macht man dagegen?

Wenn ich mit fünf Leuten finde, der Laden ist scheiße, dann reicht das für mich als Grund, den einzuschmeißen.

Nach welchen Kriterien? Wenn jeder jeden Laden einschmeißt, den er scheiße findet, ist bald ganz Kreuzberg platt ...

Ich habe nur von Schickimicki-Läden gesprochen. Es gibt eindeutige Sachen, woran ich das festmache. Da ist zum einen das Publikum, und da sind zum anderen die Preise im Laden. Zum Beispiel gibt es in der Muskauer Straße ein vegetarisches Restaurant, da zahlst du Preise, da schlackerst du nur mit den Ohren. Und das ist klar, so einen Laden dulde ich nicht.

Aber es ist doch die Entscheidung jedes Einzelnen, ob er dort hineingeht oder nicht?

Nein, das ist es nicht. Denn die Leute unterstützen dadurch, dass mehr solche Läden entstehen, weil ja der Absatzmarkt da ist, und dadurch Leute, die weniger Geld haben, und das ist die große Mehrheit in Kreuzberg, noch weiter an den Rand gedrängt werden, weil immer weniger Läden für die da sind.

Ist Kreuzberg für dich ein Rückzugsgebiet?

Ja, Kreuzberg ist ein Ghetto. Dahingehend, dass du hier viel mehr Sachen hast, die dir gefallen. Ich fühl mich hier wohler als in Spandau oder Charlottenburg. Aber oft kotzt mich das hier auch an, weil hier zu viele fertige Leute herumlungern, auf die ich echt keinen Bock habe. Die ich auch nicht mehr verstehen will. Irgendwelche Junks, die auf der Straße herumliegen, auf dem Spielplatz, wo Kinder krabbeln, fixen.

Hast du noch ein Ziel, eine Perspektive für dich?

Das, was man als Utopie im Kopf hat, also den Kommunismus, schon mal unter den Freunden auszuleben, aufzubauen. Sich gegenüber Freunden korrekt zu verhalten. Der Sport ist einer meiner Lebensinhalte. Dann immer auf der Straße präsent zu sein bei Sachen, wo ich meine, dass es nötig ist, damit halt der Widerstand nicht einschläft. Und möglichst nicht irgendwann so draufkommen zu sagen, so, jetzt hab ich zehn Jahre lang was gemacht, jetzt setz ich mich zur Ruhe – wie so viele von damals, die jetzt ihre eigenen Läden haben oder in irgendeiner Scheißposition sitzen und ihre fette Kohle einstreichen, ohne davon was abzugeben. Vielleicht auch in ein anderes Land zu gehen, wo man dann noch eine Aufgabe hat. El Salvador, Nicaragua, Palästina, irgendwohin. Wo du noch was machen kannst politisch. Weil irgendwann ist der Zeitpunkt um, wo du noch auf der Straße herumrennen kannst.

Was kannst du in anderen Ländern machen und hier nicht?

Mir schwebt eins von den arabischen Ländern vor, wo ich zum Beispiel Frauen alphabetisieren könnte. Oder als Sanitäter nach Palästina. Irgendwas Sinnvolles.

Und du denkst, dass du hier ab einem bestimmten Alter nutzlos wärst?

Ja. Dann würde wahrscheinlich das passieren, was den meisten Leuten passiert: Die wissen dann nicht mehr, was sie machen sollen, und kriegen Kinder. Und ich werde hier in Berlin niemals ein Kind zur Welt bringen. Niemals nicht. Erst mal global gesehen nicht, weil die Welt ist elend genug, da müssen nicht noch mehr Menschen rein, vor allem nicht noch mehr von der weißen Herrenrasse. Und dann schon deswegen, weil Berlin einfach ein Scheißpflaster ist für Kinder. Weil ich weiß, wie ich hier abgekotzt habe, als ich klein war. Wenn ich jemals ein Kind kriegen sollte, dann woanders. Ich hab sowieso Hummeln im Hintern. Ich will nicht immer hierbleiben. Ich verabscheue dieses Land. Diese ganze Mentalität von den Leuten hier – da krieg ich regelmäßig Hassgefühle. In meinem persönlichen Umkreis will ich was erreichen. Mit meinen Freunden und Freundinnen probier ich halt, so zu leben und miteinander umzugehen, wie ich mir wünsche, dass irgendwann mal alle Menschen leben.

1993,Plakat gegen Ausländerhass in Frankfurt am Main | © Picture Alliance

„Für das viele Geld könnte man auch Kindergärten bauen."

„Immer mehr Asylbewerber kommen nach Deutschland. Gestern waren es 1.000. Heute werden es wieder 1.000 sein. Wie lange geht das noch gut?", fragt *BILD* am 5. September 1991. Zwei Wochen später kommt in Hoyerswerda die gewünschte Antwort. Dazwischen liegt eine bundesweite Plakataktion „Asylanten in ... – wer soll das bezahlen?". Werbung für eine ganz normale *BILD*-Serie.

Gleich die erste Reportage des „Großen *BILD*-Reports" geht klar zur Sache: Flüchtlinge sind „Scheinasylanten" und „Schmarotzer", die das bundesdeutsche Asylrecht missbrauchen und die Steuergelder der Bürger*innen verprassen. „In Dortmund leben 257 Asylbewerber in 18 Hotels. Für das viele Geld könnte man auch Kindergärten bauen, sagen manche. Oder Krankenhäuser. Oder Wohnungen."

„Asylantenfluten" drohen die Bundesrepublik zu überschwemmen. In manchen Städten sei schon jeder zweite Asylbewerber von der Polizei festgenommen worden. Deshalb mache sich Angst breit. „Deshalb bewaffnen sich die Leute", gibt der Serienautor in der dritten Folge „Asylanten im Revier" die Parole aus: Die Wirtin stelle sich „nicht mehr ohne Reizgas-Sprühpatrone" hinter den Tresen, der Bäcker verstecke zwischen Brötchen und Kuchen „einen Knüppel, der bei Gefahr auch Tränengas versprüht".

Ohnmächtige Polizisten, tatenlose Politiker, die zornige „Stimme des Volkes" („Täglich erreichen uns böse Anrufe, Briefe: ‚Schickt das dreckige Pack endlich weg!'"). Tagtäglich heizt *BILD* die aufgereizte Stimmung an. In der dritten Septemberwoche werden die Schlagzeilen schließlich auf der Straße umgesetzt. *Bild am Sonntag*-Kommentar – keine 24 Stunden nach dem Überfall auf die Flüchtlingsunterkunft in Hoyerswerda: „Noch sind die rechtsradikalen Drahtzieher isoliert, aber der Hass wächst."

BILD ist wohl das massenwirksamste und offenherzigste Sprachrohr der „Ausländer-raus"-Fraktion, aber in seiner Argumentation durchaus typisch für andere Blätter. Den Berichten über die „Gewalt der Straße" folgt die Forderung nach „härterem Durchgreifen" (nicht selten verbunden mit der Begründung, das „Ansehen Deutschlands in der Welt" sei gefährdet). Doch: Die „wahre Ursache" sei das „Asylantenproblem".

„Es ist riskant, die akute Besorgnis der Bevölkerung zu diffamieren und sie in die Nähe der Geisteshaltung extremistischer Gewalttäter zu bringen", formuliert die *FAZ* am 9. Oktober 1991 – staatsmännischer als die etwas grobgestrickten Schwestern vom Medienboulevard. „Die Bevölkerung dringt auf rasche Entscheidungen. Das Ziel, den Zuzug von Ausländern und Asylanten zu begrenzen, hat in den letzten Monaten wie kein anderes an Bedeutung gewonnen."

Heiner Geißler bleibt es überlassen, sich in der Zeit vom 11. Oktober 1991 darüber zu wundern, dass die Ausschreitungen gegen Flüchtlinge ausgerechnet zu einem Zeitpunkt begannen, als die Asylbewerberzahlen zurückgingen. „Richtig los gingen die Krawalle, nachdem das Asylthema im Bremer Wahlkampf mit bundesweitem Echo hochgezogen wurde."

Für die meisten Journalist*innen stand die vermeintliche Kausalkette „Asylmissbrauch – Passivität der Politiker – rechtsradikale Übergriffe" indes nicht zur Diskussion. Bereitwillig ließen sie sich vor den Karren der Parteien, insbesondere der Union, spannen. Am 12. September hatte CDU-Generalsekretär Volker Rühe mit einem Rundbrief an alle christdemokratischen Fraktionsvorsitzenden eine bundesweite Kampagne gestartet. Ziel: „die Asylpolitik zum Thema zu machen". In bereits ausformulierten Presseerklärungen und parlamentarischen Anfragen (die Kommunalpolitiker*innen mussten nur noch den Namen ihrer Stadt einfügen) sollten die christdemokratischen Mandatsträger den „Unmut" der Bevölkerung stärken: „Sind Asylbewerber in Hotels oder Pensionen untergebracht worden? Zu welchen Kosten? Welche Auswirkungen hatte die Belegung von öffentlichen Einrichtungen mit Asylbewerbern auf die bisherigen Benutzer/Besucher?" Wo immer CDU-Lokalpolitiker*innen die Vorgaben der Bonner Zentrale aufgriffen und auf eigenem Briefpapier an die Redaktionen verschickten, landeten sie damit im Blatt. Zwar ernteten sie gelegentlich auch kritische Kommentare. Doch das entscheidende Anliegen war erreicht: Der Artikel 16 des Grundgesetzes stand zur Disposition.

Die Anschläge rechtsradikaler Jugendlicher wären wohl kaum möglich, würden sie nicht auf einen breiten gesellschaftlichen Konsens stoßen: Nicht selten wurde am Tatort applaudiert. Zunächst berichtete die Presse noch darüber. Inzwischen hat das Interesse nachgelassen. Die Überfälle gehören zum Alltag und fallen Kürzungen zum Opfer. „Man müsste eigentlich *dpa* schon fast dankbar sein, dass sie die Vorfälle, bei denen mehr oder minder schwer verletzte Opfer zu beklagen sind, zumindest in ihrer Rubrik ‚Vermischtes' noch an alle Zeitungsredaktionen weiterliefert", kommentiert Bernd Siegler. Der Nürnberger Korrespondent der *tageszeitung* wertete für eine Bestandsaufnahme des DDR-Rechtsextremismus (*Auferstanden aus Ruinen*, Edition Tiamat, Berlin 1991) monatelang die Presseberíchterstattung über rechtsradikale und ausländerfeindliche Aktionen aus. Sein Fazit: „Sowohl auf die Medien in der DDR als auch auf die in den alten Bundesländern ist keinerlei Verlass, was eine zuverlässige Berichterstattung über derartige Ereignisse betrifft."

Der Überfall auf ein Flüchtlingsheim am 3. Oktober 1991 im sächsischen Zwickau war der Lokalpresse zuvor angekündigt worden – mit Angabe der genauen Uhrzeit. Die Polizei sah dann am Tatort interessiert zu. Auch in anderen Städten – etwa in Osnabrück, Dresden, Eberswalde – berichteten Augenzeugen rechtsradikaler Aktionen davon, dass die Polizei zwar rechtzeitig am Tatort erschienen sei, aber nicht eingegriffen habe. Ein Skandal. Aber: Die Lokalpresse schweigt, forscht nicht nach. Nicht einmal dann, wenn Dienstaufsichtsbeschwerden kommentarlos im Sande verlaufen oder Anzeigen erst gar nicht aufgenommen werden.

Berichteten die Abonnementzeitungen in den ersten Wochen „nach Hoyerswerda" in der Regel differenziert – Jugendforscher und andere Experten wurden befragt, Gespräche mit Tätern und Opfern gesucht –, verschwand das Thema bald wieder aus den Schlagzeilen – in der Rubrik „Kurzmeldungen". Trotz weiterhin zunehmender Ausschreitungen.

Und: Die Erkenntnisse großangelegter Reportagen und Analysen hinterließen kaum Spuren. So wurden, glaubt man der Berichterstattung, fast alle Überfälle auf Asylunterkünfte ausschließlich von Skinheads begangen, obwohl auf den Fotos keineswegs immer Glatzköpfe zu sehen waren. Recherchen vor Ort ergeben: Neben rechtsradikalen Skins sind oft Hooligans, rechte Rocker oder andere Jugendliche an den Überfällen beteiligt gewesen. Von den 334 Personen, die in den ersten zehn Monaten des vergangenen Jahres unter dem Verdacht ausländerfeindlicher Gewalttaten festgenommen wurden, waren lediglich 44 Skinheads, berichtete die *taz* am 25. Oktober 1991.

Die Dämonisierung der Skinheads ist gefährlich und zugleich verharmlosend. Sie ist verharmlosend, weil sie die Ursachen für die zunehmende Aggression verschleiert. Denn Gewalttaten werden im „Zentrum dieser Gesellschaft" (Heitmeyer) geboren. Rassistische Übergriffe und neonazistische Aufmärsche sollten andererseits auch so genannt werden. Gefährlich ist die Dämonisierung der Skinheads, weil sie eine jugendliche Subkultur auf rechtsradikale Schläger- und

Mörderbanden („Skins – neuer Name für Hass“, *BZ* vom 25. September 1991) reduziert und damit das Image verfestigt. „Neunzig Prozent von uns haben früher mit Rechten herumgehangen. Ob sie nun die Einstellung hatten oder nicht, aber Skinhead bedeutete halt rechts, das hast du ja täglich in den Medien gelesen“, erklärt ein Berliner „Redskin“ und Antirassist. Mindestens ein Drittel der etwa 6.000 bis 8.000 Skinheads ist antirassistisch eingestellt. Doch in den Medien wird an dem Klischee „Skinhead gleich Neonazi“ festgehalten. In Berlin, Leipzig, Dresden verstreicht keine Woche, in der nicht irgendein Reporter einfliegt, um rechtsradikale Skinheads ausfindig zu machen und möglichst „in Aktion“ abzulichten. Nicht selten gegen Honorar.

Als am 7. Dezember 1991 150 S.H.A.R.P.-Skins in Lübeck gegen Rassismus demonstrierten, zeigten sich die Journalist*innen weniger interessiert. S.H.A.R.P. bedeutet „Skinheads Against Racial Prejudice“ und ist im Grunde nichts anderes als der Versuch, den Neonazis den Nachwuchs abspenstig zu machen. Als die alternative Kulturwerkstatt FORUM im schleswig-holsteinischen Neustadt ein Skinhead-Festival unter dem Motto „The Sharpest Shark Day“ durchführte, sah die Kommentatorin der *Lübecker Nachrichten* darin einen „bedenklichen Kontrast“ zu der gleichzeitig veranstalteten „auf Völkerverständigung bedachten Trachtenwoche“. Der Kommentar erschien drei Tage, nachdem das von Lübecker S.H.A.R.P.-Skins initiierte Festival und Fußballturnier zu Ende gegangen war – mit mehr als 200 Skins und ohne Randale.

Auch die „Glatzen mit den tätowierten Hakenkreuzen“ sah außer der Kommentatorin niemand. Hätte sie sich die Zeit genommen, selbst in den Konzertsaal zu gehen und mit Skinheads zu reden, wäre sie wohl auch kaum einem regelmäßig in den Medien kolportierten Unfug aufgesessen: Rechtsradikale Skinheads seien „an der Farbe der Stiefel oder Schnürsenkel von ihren ebenfalls kahlköpfigen Rivalen“ zu unterscheiden.

Vielleicht aber hatte die Journalistin zuvor Kontakte mit Skinheads aus den neuen Bundesländern. Die nämlich haben die „Unterscheidungsmerkmale“ und andere „Kleidervorschriften“ aus bundesdeutschen Illustrierten erfahren – und praktizieren sie heute. „Mediengemachte Skinheads“, spotten ihre Brüder und Schwestern aus dem Westen.

Quellen:

„In der Nazi-Zentrale. Interview in einem von Neonazis besetzten Haus in Berlin-Lichtenberg mit Hacky (21), Zimmermann, derzeit arbeitslos, Ingo (23), Maurer, derzeit arbeitslos, Mario (22), Mechaniker, derzeit arbeitslos, und Heiko (19), Dachdecker, derzeit arbeitslos" (gekürzt); erstveröffentlicht in: Farin/Seidel-Pielen: Krieg in den Städten. Jugendgangs in Deutschland. Rotbuch 1991.

„‚Wenn ich schon so 'n Araber sehe, igitt.' Interview mit Alexander, Peter und Udo, alle Anfang 20, (Ex-)Skinheads, Mitglieder der Nationalen Alternative, bei Überfällen auf Roma, Sinti, Schwule und Hausbesetzer beteiligt"; erstveröffentlicht in: *Freitag* vom 1. November 1991.

„‚Wenn ich verreise und plötzlich Deutsche sehe, dann sagt mir sofort etwas im Hinterkopf: Pass auf!' Interview mit Mehmed, 20 Jahre, Mitglied der Alis"; erstveröffentlicht in: Farin/Seidel-Pielen: Krieg in den Städten. Jugendgangs in Deutschland. Rotbuch 1991.

„‚In unserem Alter hat man keine Zeit für Liebe.' Interview mit Poyraz (17), Boxer (17) und Ego (16), Mitglieder der Black Panther"; erstveröffentlicht in: Farin/Seidel-Pielen: Ohne Gewalt läuft nichts! Jugend und Gewalt in Deutschland. Bund-Verlag 1993.

„‚Nur die Gruppe zählt.' Eine Gesprächsrunde mit Devran (21) und Des (15) von der Kreuzberger Mädchengang Ghetto Sisters, der ‚autonomen Kommunistin' Dilek (21) und den Skinheads Claudia (19) und Cora (20)" (gekürzt); erstveröffentlicht in: *tip. Berlin Magazin* 15/1991.

„‚Die Kids von Connewitz'. Interview mit den Leipziger Hausbesetzer*innen Michael (16), Betriebsschlosser-Azubi, Silvio (16), Einzelhandelskaufmann-Azubi, Nadine (16), möchte eine Lehre als Hauswirtschafterin oder Schornsteinfegerin beginnen, Michaela (17), Bürogehilfin-Azubi, und Isabel (15), Schülerin und Ferienjobberin"; erstveröffentlicht in: *Der Tagesspiegel* vom 18. August 1991.

„Am Anfang ging es nur darum, irgendwie im Weg zu stehen." Interview mit Paul (24), Kommunikationselektroniker, und Jonas (23), Bäcker, Aktivisten eines alternativen Jugendklubs in Sachsen; Erstveröffentlichung.

„Dann geh ich runter und suche einen, der mich provoziert." Interview mit Mike (23), Maler, Ex-Hammerskin; Erstveröffentlichung.

„António ist tot. Wie Bürgermeister, Polizei und Neonazis Eberswalde zur ersten ‚ausländerfreien' Stadt des vereinten Deutschlands machen wollten"; erstveröffentlicht in: *Deutsches Allgemeines Sonntagsblatt* vom 2. August 1991. Eberhard Seidel erhielt für diese Reportage 1992 den Journalistenpreis der Industriegewerkschaft Medien.

„Freundschaft im Asylheim. Interviews mit Mike (20), Ex-Skinhead, und Markus (26), Student aus Äthiopien, die beide im Asylheim leben"; erstveröffentlicht in: Farin/Seidel-Pielen: Ohne Gewalt läuft nichts! Jugend und Gewalt in Deutschland. Bund-Verlag 1993.

„‚Ich wollte nie 'ne Barbiepuppe werden.' Xenia (20), Frankfurter Skinhead; ihre Eltern kamen als ‚Gastarbeiter' aus Jugoslawien nach Deutschland"; erstveröffentlicht in: Farin/Seidel-Pielen: Skinheads. C. H. Beck 1993.

„‚Ende der 80er Jahre gab es in Magdeburg bereits 28 Breakdance-Crews.' Interview mit Noise (20), Graffiti-Künstler"; erstveröffentlicht in: Seidel: Stinos, Glatzen und Trinker. Jugend auf der Suche nach neuen Normen und Umgangsformen. Landtagsfraktion von Bündnis 90/Die Grünen Sachsen-Anhalt, Magdeburg 1995.

„‚Im Sozialismus hast du Sicherheit und Geborgenheit gehabt, in der Schule, überall.' Interview mit Jens (23), Bier-Liebhaber"; erstveröffentlicht in: Seidel: Stinos, Glatzen und Trinker. Jugend auf der Suche nach neuen Normen und Umgangsformen. Landtagsfraktion von Bündnis 90/ Die Grünen Sachsen-Anhalt, Magdeburg 1995.

„‚Kreuzberg ist ein Ghetto.' Interview mit Nigül (21), autonome Kämpferin"; (gekürzt); erstveröffentlicht in: *tip. Berlin Magazin* 9/1991.

„‚Für das viele Geld könnte man auch Kindergärten bauen.' Opfer und Täter"; erstveröffentlicht in: *Journalist* 1/1992.

Impressum:

Originalausgabe

1. Auflage Oktober 2019

Vertrieb für den Buchhandel: Runge Verlagsauslieferung; msr@rungeva.de

Privatkunden und Mailorder: https://shop.hirnkost.de/

Layout: Yunus Kleff

Lektorat: Rana Holsti

ISBN:

PRINT: 978-3-947380-35-0

PDF:978-3-947380-37-4

EPUB: 978-3-947380-36-7

Dieses Buch gibt es auch als E-Book – bei allen Anbietern und für alle Formate.

Unsere Bücher kann man auch abonnieren: https://shop.hirnkost.de/

prverlag@hirnkost.de; www.jugendkulturen-verlag.de und

Edition Courage, Karl-Heinrich-Ulrich-Str, 11, 10787 Berlin;

www.aktioncourage.org